教育部人文社会科学研究自筹经费项目“民国报人的跨中西文化特质研究”（10YJD860001）阶段性成果

经典新闻学译丛 · 丛书主编 王 海

外人在华新闻事业

The Foreign Press in China

赵敏恒 著 王 海 等译

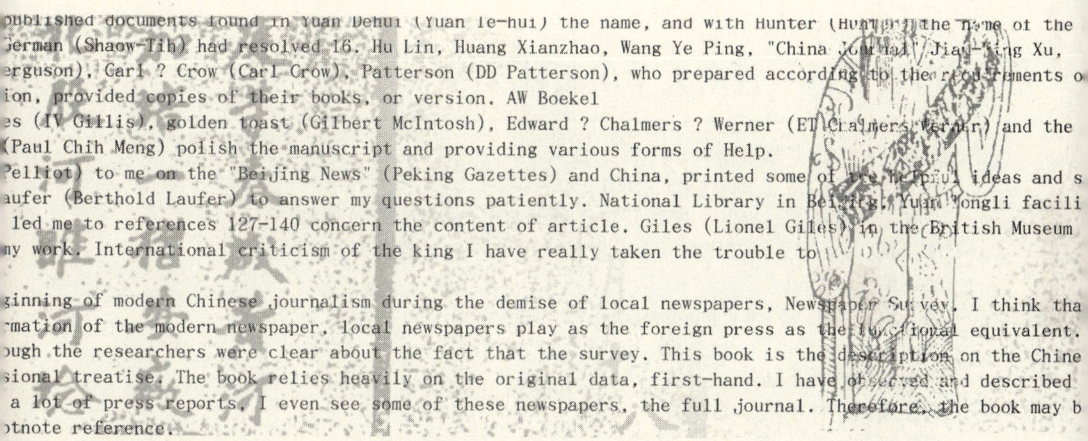

暨南大学出版社
JINAN UNIVERSITY PRESS

中国·广州

图书在版编目（CIP）数据

外人在华新闻事业／赵敏恒著；王海等译．—广州：暨南大学出版社，2011.8

（新闻学经典译丛）

ISBN 978－7－81135－949－7

Ⅰ.①外… Ⅱ.①赵…②王… Ⅲ.①新闻事业史—国外 Ⅳ.①G219.19

中国版本图书馆 CIP 数据核字（2011）第 160792 号

出版发行：暨南大学出版社

地　址：中国广州暨南大学
电　话：总编室（8620）85221601
　　　　营销部（8620）85225284　85228291　85228292（邮购）
传　真：（8620）85221583（办公室）　85223774（营销部）
邮　编：510630
网　址：http：//www.jnupress.com　http：//press.jnu.edu.cn

策划编辑：杜小陆
责任编辑：杜小陆　梁月秋
责任校对：黄　斯

排　版：弓设计
印　刷：湛江日报社印刷厂

开　本：787mm×960mm　1/16
印　张：11
字　数：180千
版　次：2011年8月第1版
印　次：2011年8月第1次

定　价：26.00元

总 序

20 世纪二三十年代是我国报业发展的一个黄金时期。中国报坛流派纷呈、群星璀璨，职业报人、政治宣传家报人和鸳鸯蝴蝶派小说家报人的办报活动推动了中国报业的现代化和中西文化交流。1935 年，卡尔·克劳公司（Carl Crow, Inc.）出版的《中国报刊目录》（*Newspaper Directory of China*）收录了近700 种中外文报刊。

同期的新闻学研究也十分繁荣，诞生了至今人们依然耳熟能详的新闻学经典著述。如张静庐《中国的新闻纸》（1928），张九如、周翥青《新闻编辑法》，蒋国珍《中国新闻发达史》，周孝庵《最新实验新闻学》，新史氏《新闻记者的故事》，徐宝璜《新闻学》（1918）、《新闻学大意》、《新闻学纲要》（1930），徐宝璜、胡愈之《新闻事业》，黄天鹏《现代新闻学》、《新闻文学概论》（1930）、《新闻学讲座》、《天庐谈报》、《中国新闻事业》、《新闻学刊全集》（1928）、《新闻学名论集》（1930）、《新闻学演讲集》、《新闻学论文集》（1930）、《报学丛刊》，任白涛《应用新闻学》（1922），戈公振《新闻学撮要·言论自由》、《中国报学史》，李公凡《基础新闻学》（1931），邵振青《新闻学总论》（1919），王解生《新闻纸改造》（1923），王文萱《新闻之话》、《新闻概论》，吴定九《新闻事业经营法》等。

需要说明的是，在中国 20 世纪二三十年代的新闻学经典著述中，中外学者和报人撰写的几部新闻学英文著作似乎被人们遗忘了。如汪英宾著《中国本土报纸的兴起》（*The Rise of the Native Press in*

China，哥伦比亚大学出版社 1924 年版），赵敏恒著《外人在华新闻事业》（*The Foreign Press in China*，上海商务印书馆 1931 年版），白瑞华（Roswell S. Britton）著《中国报纸（1800—1912）》（*The Chinese Periodical Press*,*1800—1912*，上海别发洋行 1933 年版，台北成文出版社 1966 年再版），林语堂著《中国新闻舆论史》（*A History of the Press & Public Opinion in China*，1936 年美国芝加哥大学出版社出版，同年上海别发洋行出版，1968 年纽约 Greenwood 出版社再版）。在国际传播和中国新闻事业迅速发展的今天，我们有充分的理由将这些新闻学经典文献翻译为中文。

这套冠以“新闻学经典译丛”的丛书首批推出三本译著：白瑞华《中国报纸（1800—1912）》、林语堂《中国新闻舆论史》、赵敏恒《外人在华新闻事业》。

白瑞华《中国报纸（1800—1912）》（*The Chinese Periodical Press*,1800—1912）与戈公振《中国报学史》（上海商务印书馆 1927 年版）、林语堂《中国新闻舆论史》（*A History of the Press & Public Opinion in China*）三本新闻学著作的出版时期接近，同时代的三位作者相互借鉴观点，对中国近代报刊和新闻事业各自展开论述。国内外学者对于戈公振《中国报学史》和林语堂《中国新闻舆论史》（英文版）的熟悉程度要高于白瑞华的《中国报纸（1800—1912）》（英文版）。戈氏《中国报学史》堪称中国新闻史的奠基之作。中国近代报刊史的权威性著作《中国报纸（1800—1912）》[①] 集中体现了白瑞华对中国新闻事业的认识及其新闻思想，是关于近现代新闻事业开始而本土报纸消亡时期中国报业的概览。虽然白瑞华在前言中提到“本书只是关于中国报业的描述，并非专业论著”（Roswell S. Britton. *The Chinese Periodical Press*,*1800—1912*. Ch’eng-wen Publishing

---

① ［新加坡］卓南生：《中国近代报业发展史（1815—1874）》，中国社会科学出版社，2002 年，第 249 页。

Company, Taipei, 1966: preface)，但书中的数据基本都是原始的一手材料。白瑞华还充分利用《中国报学史》的相关知识和早期报刊研究的资料，考证并扩展了戈公振的相关研究，尤其是关于传教士的报刊活动，提出了独特的见解（Lin Yutang. *A History of the Press & Public Opinion in China*. Kelly and Walsh, Limited, 1933: 79)。

林语堂《中国新闻舆论史》(英文版) 曾经“对美国的汉学研究发生过影响”，“在50年代前后还是美国大学中关于中国近代史的指定参考书之一”①。在撰写《中国新闻舆论史》的过程中，林语堂充分利用“(戈公振和白瑞华) 两位德高望重的先驱的研究成果”②。不过，林语堂更加信奉戈公振及其著作的史学资料，“所用史料大多为戈公振《中国报学史》等前人之作和刊载于当时报刊上的现成材料。戈氏错了的，林著照错不误，还起而为戈氏的错误辩护”③。“他之信任戈公振，已经到了盲从的程度了”④。

赵敏恒是活跃在20世纪20年代至40年代国际新闻界的名记者。在《外人在华新闻事业》(*The Foreign Press in China*) 中，赵敏恒论述了西方各国在华新闻业的发展，旨在说明报刊文化和通讯社对于当时中国社会的重要性，以及中国独立发展报刊、通讯社和新闻业，同时抵制西方各国报刊和通讯社渗透中国的必要性和紧迫性。

从某种意义上讲，“新闻学经典译丛”是研究中国报刊文化的起源和发展必不可少的却又被忽略的重要史料，填补了中国报刊文化(史料) 研究的空白。丛书的出版是新闻学界可喜可贺的事情，我们向为丛书出版付出劳动的译者、编辑表示衷心的感谢。当然，由于

---

① 余英时:《试论林语堂的海外著述》，《中国知识分子论》，河南人民出版社，1997年，第210页。

② 林语堂:《中国新闻舆论史》，中国人民大学出版社，2007年，第68页。

③ 林语堂:《中国新闻舆论史》，世纪出版集团、上海人民出版社，2008年，序言第4页。

④ [新加坡] 卓南生:《中国近代报业发展史 (1815—1874)》，中国社会科学出版社，2002年，第251页。

丛书涉及大量的历史资料和报刊知识，其中包括至今仍然没有定论的问题，所以丛书自然会存在不足之处，包括有待提高的翻译的细节。谨希望这些年富力强、学养深厚的译者们在以后的中国报刊文化研究和译事中做得更好。

刘家林

2010 年 12 月于广州暨南大学羊城苑

目 录

前言

外报在中国新闻史上的地位是独一无二的。中国通商口岸的开辟和租界的割让为外报自由出版政治和军事新闻提供了绝好的机会，外报甚至在报道公共事务时也可以采取生动活泼的编辑策略，中国本土报纸则不具备这些优势。这些港口从一个世纪前不太起眼的外国人聚散地迅速发展成为重要的政治和商业中心，而且被分割成很多种族和民族的聚集地，因此，中国的大部分重要外报就在这些港口城市出版。与那些使用汉语的地区报纸相比，港口地区的外报对中国国内外舆论产生了更为深刻的影响。中国缺乏有组织的全国性新闻通讯社，所以，正如国际舆论所言，整个新闻业完全受制于外国通讯社。

正如英国著名法官费唐（Richard Feetham）① 所言，中国外报“无论是作为新闻事实的传播源还是热点问题的评论者，都肩负着特殊的使命。外报所诉求、指导和告知的公众包括大量的外国人和中国人。外报关于新闻事件的真实报道和公正评论，十分有助于维系健康友好的中外关系基础，同时也有助于抵制错误扭曲的报道和煽动性的宣传，因为这些扭曲报道和宣传往往会使中外关系恶化”。

本书包括有关“中国外报”的系列文章，但它绝非外国报刊、杂志和通讯社的完整历史，也绝非对美国、英国、俄罗斯、日本和欧洲“报道”中国的新老“中国通”们的详尽描述。本书只是试图

---

① 费唐（Richard Feetham，1874—1965），英国人，南非最高法院院长，曾来华调查上海租界问题。著有《费唐法官研究上海公共租界情形报告书》（1932 年）。——译注

对某些主流外报和报人的故事进行论述，每一页内容都足以扩展成独立的一卷书。虽然作者在幕后花费了诸多的精力和心血，但是该书与这类有趣主题的要求仍相距甚远。这里需要提及的是，为了赶在于杭州举行的太平洋国际学会①开始前将书稿完成，全书的准备工作，包括从不同外报外刊中搜集信息并记录下来，都不得不在短短的一个月内完成。

这里，我要特别感谢路透社主编考克斯（M. J. Cox）先生对书稿的校对。书稿中的权威信息和数据是在《上海日报》（*Shanghai Nippo*）出版商叶田（H. Hata）先生帮助下取得的，在这里表示感谢。此外，还要感谢《大美晚报》（*Shanghai Evening Post & Mercury*）的编辑萨克雷（T. O. Thackrey）先生、美国合众通讯社（United Press）上海分社的经理伊金斯（H. R. Ekins）先生、美国联合通讯社（美联社，Associated Press）上海分社的经理哈里斯（M. J. Harris）先生、《密勒氏评论报》（*China Weekly Review*）的主办人和编辑鲍威尔（J. B. Powell）先生、《中国文摘》（*China Digest*）的创办人和编辑卡罗尔·朗特（Carroll Lunt）先生、《华北星报》（*North China Star*）的法律顾问爱温斯（Richard Taylor Evans）②先生、塔斯社（Tass News Agency）驻上海记者罗弗（V. Rover）先生、哈瓦斯通讯社（Havas Agency）上海分社的经理让·丰特努瓦（Jean Fontenoy）先生、越洋通讯社（Transocean News Agency）上海分社的经理普劳特（J. Plaut）先生、伦敦《泰晤士报》（*The Times*）驻北平的记者麦克唐纳（C. M. McDonald）先生、《京津泰晤士报》

① 太平洋国际学会（Institute of Pacific Relations）是一个活跃于20世纪20年代中期至50年代后期的太平洋地区非政府国际组织。——译注

② 爱温斯（Richard Taylor Evans，1885—1941），美国律师，曾来华执教并开业。——译注

(*Peking & Tientsin Times*）的编辑潘纳禄（Wilfred Victor Pennell）[1]先生、《远东评论》（*Far Eastern Review*）的拉瓦尔（C. J. Laval）先生，以及路透社（Reuters）远东地区的总经理特纳（William Turner）先生。

赵敏恒

1931 年 5 月 23 日于南京

① 潘纳禄（Wilfrid Victor Pennell，1891—?），英国驻华记者。原文英文名为 Wilfred Pennell，其中 Wilfred 应为 Wilfrid。——译注

第一章　概　论

中国人使用活字印刷术比德国美因茨的古登堡（Gutenburg）早了500年，而且当时中国官报（邸报）出版已有数百年之久，但中国境内的第一家报纸却是用英文出版的。时至今日，中国两家影响力最大的报纸都是由外国人创办的，即1845年在香港创办的《德臣报》（*The China Mail*）和1853年在香港创办的《孖剌报》（*The Hongkong Daily Press* 或 *The Daily Press*）①，后者也是中国第一份英文日报。

中国记者和出版商最引以为豪的两家报纸是上海的《申报》和《新闻报》。《新闻报》号称日均发行量为150 000份。据报告显示，1930年《申报》纯利润达600 000美元。这些数据要是放在美国、日本或英国这样的国家或许算不了什么，因为这些国家的都市报的订阅者达到数千万人，一家普通报纸年纯利润达六位数或者更多也是司空见惯的事情。考虑到中国的文盲率高、生活水平低、通信设施匮乏和政治局面动荡不安，《申报》和《新闻报》的记录很好地展示了两家报纸在编辑和经营方面的进取精神。

《申报》于1872年由英国商人美查（Major）兄弟创办。1912年，被后世誉为"中国报业大王"的史量才购买了这家报纸，并逐

---

① 赵敏恒在《外人在华新闻事业》（中文版）第43页沿袭了戈公振《中国报学史》的错误说法，混淆了《德臣报》（*The China Mail*）和《孖剌报》（*The Daily Press*）的中英文名称，即将 *The China Mail* 译为《孖剌报》，将 *The Daily Press* 译为《德臣报》。——译注

渐发展成今天中国的著名报纸。《申报》创刊大约20年后，即1893年，《新闻报》问世。尽管这家报纸由中国人蔡尔凯先生编辑，但是报纸所有权却归英国人，后来又转交到美国人福开森（John C. Ferguson）手上。大约两年前①，《新闻报》被中国人购买。

正如我在本书其他地方所指出的那样，中国的外报，尤其是英语报刊对中国国内外舆论产生了重大影响。生活在中国的外国人为分布在天津、北平、上海或者汉口的英国、法国、俄国、德国或者日本报刊提供日常信息。出于职业需要，少数外国人在中国助手的帮助下阅读本土报刊。即使他们阅读中国本土报刊，他们也总是反过来查看外国报刊，以核实一些重要事实。然而，无论在美国、法国、英国还是俄国，无论读者来自哪个国家，他们只要阅读本土报刊就能够获悉当地新闻。《纽约先驱论坛报》（*New York Herald Tribune*）在巴黎也有版本发行，但其主要目的不过是给旅法美国人提供美国国内的新闻资讯。对法国人而言，该报对法国政治事件的评论显得无足轻重。

中国的情况就不同了，而出现这种独特情形的原因也很简单，汉语并非国际性语言。美国和英国的大学讲授德语和法语，一位旅行者只需会讲英语就能在欧洲不同国家间畅通无阻地旅行和交往。在中国，唯有传教士或者与外国使团和咨询有关的人才把学习汉语作为一项特殊任务。大多数在中国的外国商人并不学习汉语，他们只依赖外国报纸来获取新闻信息。

由于中国的外国社区聚集的大部分是商业老板和知识精英——这是一个比任何其他国家的外国社区都更加“优秀”的精英群体，被他们阅读并影响其观念的报刊自然是相当重要的。

一般情况下，处于支配地位的人们总是不愿意学习被支配民族

---

① 1929年。——译注

的语言，尽管从人口数量来看，支配者可能只是一个小族裔。中国就是这种情形。当然，也有很多外国人学习汉语和使用汉语，但大多数外国人根本不屑于学习汉语。他们似乎忘记了，这不是他们自己的国家，他们应该说所在国的语言。

中国的外报具有影响力的另外一个重要原因是，报纸的外派通讯员和记者主要依赖其祖国在该外派国的通讯社来获取需要的信息资料。例如，中国境内的一家巴黎报纸派遣一位记者或者通讯员常驻上海。他可以轻松地通过上海的人际圈获得巴黎读者感兴趣的某些新闻。而某些新闻事件是不可能在上海得到第一手信息的，比如甘肃省发生的一场地震或者郑州发生的一次兵变等。毋庸置疑，诸如这样的事件具有新闻价值，但并不值得前去实地采写，而且中国的交通设施非常差，从港口城市出发，很多地方几个礼拜都不能到达。当然，他可以从中文报纸中获取他所需要的信息，然后再求助于翻译人员。但这些翻译通常都不能令人满意，因为译者没有受过记者采写培训，不太会判断事件的新闻价值。因此，驻华外国记者或通讯员的捷径就是从当地的外国报刊中获取所需要的邮件和传真资料，这几乎是唯一的办法了。

外报也是中国人获悉外国信息的唯一来源。因为中国的本土报刊或者通讯社都没有特派驻外记者。包括像上海的《申报》和《新闻报》、天津的《大公报》这样的大报也没有任何驻外记者或通讯员。《申报》于1930年派遣记者赴日本采访远东奥林匹克运动会时，在中国本土报业引起轰动。中文报纸通常从外国通讯社取得所需的世界新闻报道的信息——从路透社得到世界各地尤其是英国的新闻，从合众社得到美国新闻，从日本联合通讯社（Rengo）和日本电报通讯社（Nippon Dempo）得到日本新闻。中国的政府机关和商业机构不得不依赖外国通讯社的报道来获悉外国资金和金融市场的最新信息，这听起来似乎让人吃惊，但实际情况确实是这样。

从上述事实来看，在中国创立一个全国性的新闻通讯社是非常必要的。世界上各重要国家都建立了代表自己声音的新闻通讯社，以便传播国内外新闻并与其他主要外国通讯社交换新闻。今天，各个开明政府每年都在出版领域投资数百万美元，并且令许多富有才智的人投身于此领域，因为他们认识到了舆论力量的巨大。

在中国，巨大的资金被投放在所谓的宣传项目上。然而，这笔巨款被浪费掉了，因为这个工作没有落实到重点。中国既没有全国性通讯社来收集和发布新闻，也没有富有效率的新闻机构将中国的消息传送到国外。当一些新闻事件在中国“爆发”时，关于它们的报道总是来自伦敦、纽约、东京或莫斯科，并迅速传播到世界的各个角落。

组建富有效率的全国性通讯社并不困难。上海的大报在所有重要城市都设有大型编辑部，它们在南京的办公室每天就通过电报、无线电和长途电话传送 10 000 ~ 30 000 字的新闻，其中大部分信息都是复制的。如果这些大报社组建起新闻通讯社来收集和发布日常新闻的话，将节省一大笔钱。在中国政府的支持和鼓励下，这样的新闻通讯社是能够组建起来的。通讯社一旦建立，就可以与世界上主要的通讯社结成同盟。中国国家通讯社发布的新闻将自动通过路透社、哈瓦斯社、沃尔夫通讯社（Wolff Agency）、美联社、日本联合通讯社、塔斯社和其他通讯社发送到国外。

一般来说，全国性通讯社应该由训练有素的一流报人来经营，政府不应干预新闻的运作。将准确可靠的新闻通过通讯社发出去是符合中国政府的利益的。

中国外报应该支持这样的运动，因为国外记者来中国的目标是获取新闻。但由于语言障碍、中国政治和社会生活的特性等因素，国外记者很难通过新闻来报道和解读中国的事件。所以，外报的合作是该运动能够成功的必要基础。假如外报不相信中国人通过努力可以组建自己的全国性新闻通讯社，那么这场运动将被扼杀在摇篮里。时任美联社东京分社的经理服安（Miles W. Vaughn）先生这样评论道：

> 联合通讯社在中国的方针以为，关于中国的消息，应由中国新闻界组织的通讯社采访搜集，以供给中国之各报纸。如此，联合通讯社便不必在南京采访新闻以供给上海、北平的报纸，或是在上海、北平采访新闻以供给南京的报纸。
>
> 联合通讯社不相信外人所办的通讯机关越俎以专访中国的新闻，能使中国的读者满意。换言之，若一国能自行组织通讯机关，以传递本国之消息，则可使国民最为满意。譬如某中国通讯社记载美国国会的会议记录，以供给美国旧金山的新闻读者，实为怪事！那么，如果美国某通讯社采访南京政府的消息，以供给上海、北平的华文报纸，也是同样荒唐。

四年前[1]，上海组建了一个半官方的新闻通讯社——由卜罗门夫妇[2]于1927年创办的国民通讯社，后来随着国民党“鲍罗廷集团”被驱逐而解体。国民通讯社在李才[3]的直接指导下在上海组建，在极端困难的财政状况下运行，任何地方都没有指派访员（通讯员）。通讯社的工作包括翻译和编辑上海中文报纸上发表的新闻报道。中国外交部和财政部几乎完全通过国民通讯社发布新闻。中国政府组建

① 1927年。——译注

② 卜罗门夫妇（William Prohme 和 Rayna Prohme），《民众论坛》的编辑。——译注

③ 李才是国民通讯社首任社长，该社于1927年6月4日在上海成立，是国民政府外交部驻沪交涉署创办的。——译注

的另外一家官方通讯社是众所周知的中央通讯社①。中央通讯社被公认为政府的喉舌，地址为南京国民党中央政府所在地。该社在国民党中央宣传部的直接监督下运行，曾任旧金山一家中文报纸编辑的留美学生刘路英先生为该部负责人，余微乙担任通讯社主编，多年来与北平国闻通讯社保持密切联系。目前，该社只用汉语发布信息，在外国报刊中享有盛名。中央社在上海、北平、天津、汉口和广州设有办事处或分社，同时几乎在中国所有重要的城市都派驻了通讯员。有人提议，中央通讯社应该在上海用英语发布新闻。然而，这项提议尚未形成具体的计划。

1931 年 4 月 13 日，针对中国政府限制日本联合通讯社在中国进行新闻报道的做法，《大公报》发表题为“取缔外国通讯社问题”的社论，强烈呼吁政府组建一个全国性新闻社：

……外国通信社。在华采访。诸感困难。尤以关于政治者。正确消息。得之不易。抑人类恒情。重秘密而轻公开。故官方消息。每启怀疑。道路流言。反易倾信。是以外社所传之不经消息。固有以恶意传播之谣言。亦有因判断错误而然者。然事实终为雄辩。谣言要之不久。该通信社终亦在其本国丧失信用。是以中国果有负责之通信机关。外社为避繁琐之故。未必不乐于受华社之供给消息。

---

① 中央通讯社是中国国民党创办的官方通讯社，简称“中央社”（CAN）。1924 年 4 月 1 日成立于广州，由中国国民党中央委员会宣传部主办，首任主任是梅恕曾，主要报道党务消息；1928 年 5 月迁往南京；1932 年春进行改组，独立经营，首任社长是萧同兹。在全国各地设分社及发稿电台，陆续取得外国在华通讯社的独家发稿权；1936 年 1 月，总社扩大为编辑、采访等 6 部，并于当年 6 月设立第一个国外分社——东京分社；1939 年 1 月，首任总编辑陈博生负责新闻采编业务；1946 年 4 月中央社迁回南京，将人工发报机发稿改为自动发报机发稿，每天发稿量 15 000 ~ 20 000 字；1948 年极盛时，有分支机构（包括分社、办事处、特派员）国内 52 处，国外 25 处，员工 2 653 人；1949 年 11 月迁往中国台北，现为台湾地区政府官方通讯社；1973 年改为中央通讯社股份有限公司。历任社长分别为萧同兹、曾虚白、马星野、魏景蒙、潘焕昆、黄天才等。现任社长胡元辉，董事长黄肇松。——译注

故此事解决。依理不难。所难者。此种国际通信机关。必须其组织与人才。能负此责任而已。

此外尚有政府须加注意者。取缔外国通信社在华传播消息。故属当然。惟各国大报。多另有驻华特派记者。此则任何国家所许。中国消息。固不能禁外国特派记者之采访。而在中国无国际通信机关以前。如联合路透等在华采访消息。供给外国报纸。势亦不能根本禁止。是以一方应取缔谣传。一方应讲求如何待遇之之道。其道无他。欲禁止散播流言。则必须供以正确消息。其最简单办法。国府厅秘书外交部。宜每周定期接见外报记者。答复质问。倘有重大政治问题。外报记者欲谒见当局得负责谈话时。在可能范围内。当局宜不拒其谒见。倘虑其记载失真。则可检阅电稿。此外政府宜设有专员。常以非公式的方法。与在华有信用之外国记者。有交际之周旋。代谋其职务上之便利。此亦息谣之道。应为政府所留意者也……

电报价码问题值得我们关注。目前，从中国到欧洲各国和美国的报刊电报价码过高，在中国和世界其他国家交换新闻之前必须降下来，只有这样才能获取彼此互相理解所需的必要新闻信息量。现在，报纸和通讯社要交付上海和伦敦或者上海和纽约之间的最低报刊电报费大约为每字20美分，返程一样收费。这个费用是欧洲各国和美国之间报刊电报费用的三倍，费用之高导致新闻传输量受到限制。因此，必须下调在中国和国外主要新闻中心之间电报来往的现行价码，这样各报社才能支付得起它们想获取的新闻量。

由上海发往美国各新闻中心城市的新闻电讯（1931 年 2 月 12 日）的价码为：

至马尼拉：每字27生丁[①]；

至旧金山：每字62生丁；

至芝加哥：每字78生丁；

至纽约、华盛顿和波士顿：每字83生丁。

当时的国际汇率是每墨银一元兑换一个法郎。从上海到纽约的新闻无线电价码大约是每字金洋一角六分。

多年来，外国电报公司一直垄断着中国的对外传播渠道。由于近年来广播介入竞争，电报托拉斯已被迫降低伦敦和日本、伦敦和南非、伦敦和北美以及和世界上其他地方之间的电报传输费用，但是未曾涉及中国和英国之间费用的降低。原因是中国和英国之间的所有信息传送必须经过两条电缆线，而这两条线都掌握在同一家公司的手中。因此，中国和英国之间的信息传送没有竞争，而中国和美国、中国和法国、中国和德国之间的信息传送如今都已经存在着竞争。中国和英国之间的电报费用过高，无论是商业信息传送还是报刊信息传送都是如此，这是个值得两国政府高度重视的问题。

过高的电报费用使记者的报道仅限于叛乱、暴动和社区起义。这些事件的报道强调的是中国社会生活中耸人听闻、消极负面的因素。下面是出现在1930年纽约报纸上有代表性的标题：

风雨欲来之北平恐怖时期（Reign of Terror Brewing in Peiping）

——《纽约太阳报》（*New York Sun*）

中国妇女加入盗匪（Chinese Women Take to Banditry）

——美联社（Association Press）

中国婴孩犹贩卖为奴（Chinese Babies Still Sold as Slaves）

——《纽约电讯报》（*New York Telegram*）

---

① 1瑞士法郎=100生丁。——译注

国外报纸的中国新闻栏目意味着某种投资。耸人听闻的爆炸性消息往往能够通过电报得以传送，因为人们觉得这样的新闻值得报道。由于战争、强盗、暴乱和绑架等惊人的消息持续不断，国外的普通报纸很少有资金支付电报费用以传送更加重要的新闻报道。

从已出版的9份美国主流报纸（近58年至近10年间）关于中国的报道的分析中发现，70%以上是关于政治的，只有10%是关于文化的。而美国报刊中关于欧洲文化的新闻比例有时高达47%，甚至更多。当时的电报价码很高，以至于外国报刊记者不得不转向文字简约的煽情文稿，读者不能期望他们对于中国社会的发展给出公正的报道和评判。他们必须如此撰写文稿，国外的报刊才会以头条刊出该文稿。

今天，影响国际关系的一个关键因素就是新闻事业。现在，新闻对于国际关系的影响比历史上任何时候都要大，将来它的影响还会更大。新闻业成为对世界人民判断影响最大的机构。日报是受亿万人民喜爱的“大学”。在更好地理解或者“误解”不同国家和民族之间关系的所有影响要素中，新闻和评论的传播无疑发挥着最重要的作用。

国家之间的界限固然会影响人们的交流，但它不应该成为信息传播的障碍。假如我们都能够各尽其责，营造世界各民族之间经济实惠的交流渠道，那么，我们就会创造一个比所有的国际关系会议都更加有效地减少误解的途径。一支强大的海军固然重要，但它不能保证消除战争；一支伟大的军队也很重要，但它同样不能阻止战争的爆发。一艘战舰花费2 000万美元，拿出其中的一半就可以创办一个像样的新闻传播系统，从而将中国与世界连接起来，并促进世界和平。新闻传播系统在这方面所发挥的作用比上千万元的军事装备投资更显著。

象征性的小额新闻价码将极大地促进中国与世界其他中心地区

之间的新闻流动。我们估算新闻价码所发挥的作用时，要注意一点，只有几家外国报纸发展到了能够独立支付新闻服务的商业组织的规模，中国一家都没有。因此，如果只是为了促进中国与世界其他国家尤其是与该国首都城市之间的新闻流动，只有收取小额的新闻价码才能让人满意。虽然海外对于中国新闻的需求不可能是永无止境的，中文报刊同样也不可能大量刊登海外新闻，但毋庸置疑的是，收取小额的新闻价码将极大地刺激新闻信息在国际范围内的流动和传播，也将鼓励更多的报刊派驻海外记者，同时也加大了国家之间进行新闻封锁或新闻操控的难度。

数年前，当无线电还是单线传递信息的时候，收取较高的费用或许存在某些合理性。但在今天，科学已经表明，一家电报公司可以同时通过多渠道传递大量的信息——甚至通过无线电线路之间的其他频谱来传递，因此应该调整电缆费用，以利于新闻在世界各地之间的传播。英国新闻协会公开支持英国境内任意两地之间每字1便士的新闻价码，无论这两个地点之间的距离有多远。他们反对政府为报纸或者通讯社提供津贴，而且他们认为低价码制的建立并非是对于新闻的补贴，而是为整个国家的统一作出了贡献。当然，任何信息传送公司都不可能接受如此低的价码；此外，如果让国有企业在这么低的价码下运营，能否免受重大损失还有待商榷，这样的情况在其他服务业已有先例。然而，公共服务与商业利益基础上的新闻传播具有明显的不同，比如在世界各国之间邮递一封信件只收20美分，这样的邮政服务与通过衡量距离、计算运输成本和避免无利可图的操作来定价的服务截然不同。

目前，外报记者和通讯员把上海作为在华新闻总部的做法是错误的。与其他国家不同，中国的政治局势尚未稳定。尽管南京政府努力为中国创造一套堪与其他国家相媲美的法律和司法体系，但反对势力总是反对政府的这些做法。上海由于租界遍地而成为政治避难所，在上海滩不时有惊人的谣言广泛传播。此外，上海已经成为商业中心。上海的棉花交易市场和其他交易市场产生了很多投机商。这些市场波动总是被夸大，而任何耸人听闻的消息都会很快被捕捉到，并通过市场传播开来。

每当外国记者在上海听到一则新闻故事，他们都无法获得官方的证实，因为上海没有发布此类公告的最高政府机构。现代新闻界的竞争如此激烈，记者和通讯员几乎没有时间等待南京政府的审核和确认，一则新闻故事就在国外的报刊上报道了。如果发现并非事实，中国政府会发布更正声明，但不实报道的恶劣影响已经产生了。当然，正直的记者不会报道非官方的任何新闻，无论这些新闻多么耸人听闻。

外国记者没有把新闻中心从上海转移到南京的唯一解释就是，中国当时的首府南京缺乏现代化设备。两年前，从现代化设施来看，南京的条件并不比内地的小城镇好多少。道路狭窄且尘土飞扬，道路两边没有埋设流水管道，两旁路灯灯光微弱得像蜡烛。然而，现在的情况好多了。在中央建设委员会富有成效的管理之下，那里的发电站已经建立在一个坚实且商业化的基础上。就在一年前，南京装上了自动电话。南京市政府与巴黎材料技术部签署了用于建设首府最新水利工程的合同。大批房屋被拆除，腾出位置修建新公路；同时对旧公路进行拓宽，以满足日益增大的交通流量。

在一两年之内，南京将不再是一个在外国人看来不适宜居住的地方。在南京，外国记者每天都能够与中国政府官员保持联系。他们能够亲眼目睹中国政府的每项活动。他们获得的信息均为一手材料。他们也能够通过采访政府相应发言人来核实每一则流言。总而言之，他们能够迅速而准确地获得所需的信息。除此之外，外国记者和中国政府之间频繁的接触将促进双方加深友谊和理解。

毫无疑问，在这样有利的环境下，从中国发送到外国的新闻将是友好而富有建设性的。

新闻审查永远是一个棘手的问题。极力反对政府新闻审查制度的记者必须明白：实际上，世界上任何政府都在实施同样的新闻审查制度。没有人能够不经过政府官员的审查直接将消息通过电缆或者无线电传出日本、法国、意大利或俄国。政府的新闻审查官或许不会挂着“审查”这一受人指摘的头衔，但他履行着审查的职能，他的职权是让政府知道电报所传送的新闻信息内容。几年前，美国国会对国际传播形势的官方调查显示，英国贸易局能够对通过英国电报或广播传递到世界任何国家和地区的信息加以审查。世界大战期间各军事强国都建立了这种“间谍式”的传播体系，并且一直沿用至今。

1931 年 5 月，国民政府首次设立了对所有发送电报进行新闻审查的制度。用文字或编码记录的信息都要接受审查；但审查规则规定，如果领事为某个公司担保，编码信息将不需解码检验即可通过。

为了促进国民政府颁布的新闻审查制度的落实，下面的限制条款必须实施：

(1) 凡收发各电报，均须送交国民政府所派检查员检查。

(2) 凡明码电报对于中国治安及中国法律有损害者，检查员得截留之，送呈交通部审查。

(3) 凡中国著名商业公司送入之密码电报，必须盖有该公司之图章，并由该公司经理签字担保。此种图章及签字必须先制样张交电报局存案。但必要时，检查员仍可翻阅密码书。其他中国公司或个人密码之电报，均必须附有明文及所用之密码。

(4) 凡外国政府之商业密码电报，必须由该公司所属国领事预先对于该公司来函担保，送交电报局存案，则密码电报无须领事签字。但在必要时，检查员仍可要求翻阅密码书。

(5) 在必要时，检查员对于收到之商业密码电报，可按照来电地址，要求检查密码书。

(6) 凡外国政府之电报，无论明码密码，均免检查。

上述官方公告于 1931 年 5 月 19 日由大北电报公司、远东电报公司和太平洋商业电报公司发布。

考虑到中国尚未解决的政治动乱状况，对军事信息的审查不仅是有益的，而且是绝对必要的。战争中的相关事项都是严肃的，如果信息落入敌人之手，其后果必然是严重的。所以，南京当局有权利也有义务对发布的消息实施严厉的审查，特别是要对与战场、军队直接或间接相关的信息进行审查。所有相关新闻机构的管理者和记者都同意这种观点。而采写新闻的人会讨厌诸如此类的新闻审查制度。这些审查成了“不便”的代名词；审查就是让人“讨厌”，很多时候让记者们的目的彻底落空。即使是在今天，在中国的某些地区，新闻审查执行起来仍然显得十分严厉。但是，无论审查的原则制定得多么公正，如果执行起来不公正、不明智，就必然会引起公愤，激起报纸和通讯社记者的反对。最终，英明而谨慎的审查制度本来旨在保证和维持媒体与代理人之间和谐而自然的互动，现在只能落空了。

要让充满热情又历经风险、渴望全身心地为通讯社或者报纸工作的记者毫无怨言地接受新闻审查是不切实际的。正如我上面所指出的那样，中国特定地区的新闻审查在执行时十分严厉。然而，报社记者必须体谅执法者这样的过失。记者不应该只是攻击中国的新闻审查制度，而应该倡导监控中国新闻的睿智方法。

中国新闻的未来尚不明晰。随着大众教育的发展，报纸数量必会激增。致力于恢复政权和完全独立的中国国民党需要现代化和高效的报人。世界各国的人们也想知道中国究竟发生了些什么事情。

为了对中国的未来报人进行适当的培训，使他们做好充分准备来履行其职责，我们应该创办现代化的新闻学院。仅从人力上讲，寥寥几个在国外接受过新闻学教育的中国人是很难担当起这项重要工作的。

作为远东地区最重要、设备最先进的现代化新闻学院之一，燕京大学新闻系由美国报业集团资助创建。密苏里大学校长威廉（Walter Williams）先生担任燕京大学新闻系促进委员会的主席，该委员会负责筹集5万美金的启动资金。这样，连续五年、每年1万美元的最低年度预算就有了保证。有人认为，如果将这段史实载入史册，永久性的资助就有了保证。超过五分之四的预算款由美国出版商及其他与报业相关的人士筹集而得。《芝加哥每日新闻报》（*Chicago Daily News*）的发行人斯特龙（Walter A. Strong）先生首先对此项活动进行了报道："以鄙人所见，我们从事于教育工作，欲以最少的金钱，希望得最大的收获，没有比这更好的机会了。中国将来的发展，与美国关系之重大，实在是不可逆睹的。"

上海的大专院校也曾开设新闻学课程，但燕京大学的新闻系是中国第一所新闻院系。毋庸置疑，中国今天更需要训练有素的报人和现代报纸来帮助政府和人民建设强大的国家。

目前，中国只有很少的报人知晓西方的新闻训练。我们谨希望，在北平创建一所现代化新闻院系，这仅仅是中国现代新闻事业的开端，其他大学将紧随其后。十年内，中国将出现足够多的训练有素的记者来创办报道新闻的机构。这样，世界各地就都能获取关于中国的客观准确的信息。

中国虽名为独立国家，但是其国外的宣传渠道却落在外国新闻通讯社和报纸手上。中国未被纳入世界出版联合会。中国的新闻是通过外国通讯社传播到世界各地的。中国并没有自己的新闻通讯社。只要政府不再纠缠于毫无意义的政治性口水仗，开始着手重建工作，一个全国性新闻通讯社就能创办起来。那么，在华外国通讯社的角色将变成合作者，而不再是支配者。

新闻的责任逐年变得重大，其任务就是把一个国家的人民介绍给另外一个国家的人民。而这种诠释在很大程度上受诠释者的情感好恶所左右。哪怕是通过对新闻事件的筛选后作出客观的记录，一个记者都足以影响读者的认识。假如对某个国家的报道全是诸如绑架案和匪徒等事件，而对其他90%具有较高价值的新闻避而不谈，也就难怪世界其他国家会得出这样的结论：这个国家的大部分国民都已经沦为绑匪之流了。当报道有关政治和国际新闻时，报刊则更多地“保持”这个世界的和平。将一个国家的人民的日常生活报道给其他国家的人民有助于打破各民族之间的障碍，增进国家之间的相互了解和友谊，进一步促进和平。

所有这一切都表明：新闻记者在追寻真理并准确而客观地报道事件方面肩负着越来越重大的责任。

第二章　日本在华的新闻事业

在华日本新闻事业的兴衰与中国的政治形势密切相关。[1] 1911年，中国这个最古老的封建帝国成为最年轻的共和国。从辛亥革命到1928年6月国民党统治中国的近17年内，武人割据，迄无宁日。这里，我们无意追溯各大军阀和他们政治傀儡的命运。袁世凯去世后，黎元洪、段祺瑞、曹锟、吴佩孚、冯玉祥和张作霖等军阀分别控制过所谓的北京政府一段时间。这些军事和政治对手交替融合，

① 周桂荣编著《近代日人在华报业活动》[三联书店（香港）有限公司2007年版]序言："戈公振的《中国报学史》是最早论述中国新闻事业发展的专书，当中有若干篇幅提到外国人在华办报的概况；其后赵敏恒、胡道静、曾虚白等人的著作续有所补充，但仍未能展示近代中国'外报'的全貌。整体来说，外人在华办报以英国人最为活跃，日本人次之，而日人在华经营的中文报刊且是诸国人士之冠。"日本学者有关新闻学的研究颇有建树。——译注

轮流坐镇北京①。

日本的新闻通讯社和报纸从中国内战中获得了发展良机，建立了新闻垄断地位，这种垄断持续十余年，直到北京政府垮台。在这些充满血腥和战火的岁月中，各省的军事长官即“督军”掌握着自己的军队，“督军”彼此之间或者与中央政府之间时有战争。新闻审查如此之严格，以至于一个省的地方报刊甚至无法获取其他省份所发生事情的准确信息。即使获取了某些有趣的新闻故事，他们也不敢报道。当时根本没有《新闻法》这回事儿，而诸如张宗昌这样的人物又丝毫不尊重新闻自由。因此，中国报纸不得不依赖外国新闻通讯社获取关于政治和军事动态的最新消息。过去，北京的一些日报编辑写新闻稿时开头常常为“据外报或通讯社报道”云云。编辑们认为，插入这么一句话，他们就不会被认为是在制造谣言，还能

---

① 周桂荣在《近代日人在华报业活动》［三联书店（香港）有限公司 2007 年版］第 8 页总结了中国和日本学者关于日本人在华办报活动的分期法，并提出了自己的分期法。如下表所示：

日人在华办报活动的分期法（1882—1945）

<table>
<tr><th>分期方法
划分时期</th><th>山本文雄主张的分期法</th><th>中下正治主张的分期法</th><th>周桂荣主张的分期法</th></tr>
<tr><td rowspan="4">晚清时期（1882—1911）；
相当于日本的明治时代（1868—1912）</td><td>1. 第一期：发生期（1890—1894）</td><td>1. 草创时期（1894 年以前）</td><td>1. 发轫期（1882—1894）</td></tr>
<tr><td rowspan="2">2. 第二期：加强在华活动时期（1896—1904）</td><td>2. 政论时期（1895—1900）</td><td rowspan="2">2. 开展期（1895—1904）</td></tr>
<tr><td>3. 经济进侵期（1900—1904）</td></tr>
<tr><td>3. 第三期：以东北为报刊主要发行地区期（1905—1912）</td><td>4. 地域占有期（1905—1911）</td><td>3. 定型期（1905—1911）</td></tr>
<tr><td rowspan="2">民国时期（1912—1945）；相当于日本的大正时代（1912—1926）及昭和时代前期（1926—1945）</td><td rowspan="2"></td><td rowspan="2"></td><td>4. 延续期（1912—1931）；</td></tr>
<tr><td>5. 没落期（1932—1945）</td></tr>
</table>

给读者留下这样的印象：这些新闻来自独立而可信的源头。

那时，很少有外国通讯社在中国定期地报道新闻事件。诚然，英国的路透社定期发布来自中国各个地区的快讯，但当时的中国报纸都指望诸如东方通讯社（Toho）和日本电报通讯社等日本通讯社来获取中国新闻。相互敌对的“督军”都有日本顾问，他们可以从日本购买军火，在某些情况下，他们还可以从日本获取财力支持。结果，中国的军阀们每一次政治或军事上的动向都有即时报道，并呈交北平的日本外交公使。芳泽（Kenkichi Yoshizawa）[①] 曾担任日本驻华公使，他惯于接受驻北平日本记者的每周采访，并就中国的政治形势进行些简评。

1928 年 6 月 4 日，张作霖的专列在皇姑屯被炸，这是中国近代史上最重要的新闻之一。日本通讯社每英里都布设抢发新闻的网点。6 月 3 日，闻讯阎锡山的山西军队、冯玉祥的国民军和蒋介石的国民党军队朝北平和天津快速进发，张作霖逃往谋克敦（今辽宁）。两位日本军事顾问也乘坐这趟专列，其中一位在天津下车。当神秘的爆炸发生并重伤这位东三省的“大人物”时，另外一位军事顾问还在张作霖的车上。当时，中国官员忙着将奄奄一息的张作霖送往城里，那位日本顾问则步行到最近的电话亭，把所发生的事情原原本本地报告给奉天的日本领事长官。除了奉天的日本记者外，没有任何人知道此事。令人咋舌的是，之后的几天里，全世界的新闻媒体都去东京采写关于张作霖被炸事件最新情况的新闻。

有段时间，华北人得去日本人经营的中文报社获取消息。奉天《盛京时报》（*Shen Chin Shih Pao*）的日发行量达 16 000 份。出版《盛京时报》的同一家公司在北平还出版日报《顺天时报》（*Shun Tien Shih Pao*），日发行量为 12 000 份。《顺天时报》在北平很受欢

---

① 芳泽（Kenkichi Yoshizawa，1874—1965），日本外交官，于 1932 年担任日本第 46 届外交部长。——译注

迎，因为它是唯一敢于公开抨击袁世凯企图复辟帝制的报纸。日本人的报纸能够发表其所喜欢的任何稿件，而且可以免受责备或惩罚。

然而，1928 年北京政府的垮台标志着日本在华新闻垄断的结束。在南京，一个强有力的中央政府成立了。在国民党中央执行委员会的直接领导下，宣传部组建起来，负责掌握本土报纸、新闻通讯社和期刊的编辑政策。1930 年 12 月 16 日，国民政府颁布了新的《出版法》，明确规定了出版物不可公开刊登的内容：

> 出版品不得为下列各款之记载：
>
> 一、意图破坏中国国民党或三民主义者
>
> 二、意图颠覆国民政府或损害中华民国利益者
>
> 三、意图破坏公共秩序者
>
> 四、妨害善良风俗者

为了传递中文电报和新闻信息，在华外国记者不得不在外交部的宣传部申请注册。外国新闻记者只有到外交部注册之后，才能得到通讯部的正规采访证件。这样，中央政府就能对在华的外国记者实行控制，分布在不同电报和电话办事处的政府审查员也就能够压制他们认为有损于国民政府利益的任何新闻稿。

1929 年冬天，石友三的部队在浦口发动兵变。效忠南京政府的军队当时都不在南京：国民革命军第三师师长毛炳文和第八师师长朱绍良被派往重镇广州以抵御张发奎旗下著名的“铁甲军”；第六师师长顾祝同和第九师师长蒋鼎文被派遣到汉口；中央陆军军官学校的学生也参加了汉口保卫战。又有消息称，冯玉祥的军队准备从河南沿北平—汉口铁路挥师南下。石友三部队大约 30 000 名精锐士兵已使南京陷入混乱中。更糟糕的是，京沪铁路线被几个地方杂牌军切断。一些危言耸听者散播谣言说，蒋介石已经乘飞机从南京逃到

上海。日本电报通讯社驻南京记者对此谣言信以为真，并打长途电话到上海，说蒋介石“已经消失在空中”。

为此，日本电报通讯社驻华记者被剥夺使用中国的电报、无线电和长途电话设备的优先权，刊登这则耸人听闻报道的报纸也被剥夺使用中国邮政的权利。这就证明了国民政府对媒体管制的有效约束，阻止了此类报纸在港口外发行。然而，当日本电报通讯社在南京的记者就这次新闻报道正式致歉之后，事情很快得以解决。

南京日本联合通讯社的记者也遇到了麻烦。1931 年 3 月，立法院主席胡汉民由于与国民政府主席蒋介石关于《临时宪法》发生争执而辞职。日本联合通讯社在南京报道，胡汉民被蒋介石软禁在北平附近的疗养胜地——唐山。第二天，日本联合通讯社另外一篇报道说，胡汉民绝食抗议。

南京政府立即作出回应。南京日本联合通讯社的记者不准再使用上海至南京的长途电话。当然，这些记者也不能发送电报或者无线电信息。当时，驻南京的外国记者全靠长途电话以较快的速度获得中国首都之外的所有新闻。从南京到上海发送电报或者无线电信息一般需要 4 ~6 个小时，而晚上 9 点钟之后发送任何电报都是徒劳的。就算是快件，也需要 10 个小时才能抵达上海。航空邮递是不可靠的，因为新闻不会总是发生在天气好的日子里，并且航空邮递信件必须在早上 10 点钟之前送出，才能赶上中午从南京飞往上海的航班，但是在早上南京是没有多少新闻可报道的。

由此可见，南京政府剥夺联合通讯社记者使用长途电话的权利是个相当严重的问题。这样就把日本记者置于困难的境地，他们没有办法以较快的速度将新闻传递到上海。

后来京沪的日本记者发表声明，强烈谴责南京政府压制新闻自由的政策，使得事态进一步恶化。结果，通讯部向各通讯管理部门下达指令，禁止日本联合通讯社记者使用中国境内的任何电报、电话或者无线电设备。尽管日本驻南京领事多次发表声明，但国民政府仍然坚守立场，直到日本联合通讯社对其关于中国新闻的不实报道作出赔偿之后，南京政府才恢复他们的通讯设备使用权，这前后历时8个月。

这桩已引起国际关注的“日本联合通讯社事件”目前仍然有待最终的解决。

终结日本在华新闻垄断的还有另外一个重要因素。除了对在华日本新闻通讯社和报纸实施一定的控制外，国民政府为中国记者采写各政府部门的消息提供一切便利。政府会议有固定日程安排，国民党中央执行委员会周四开例会，国民政府周五开例会，中央政治委员会周三开例会，国会周二开例会而立法院周六开例会。以上会议决议由各部门秘书发布给新闻界，外交部长王正廷博士①总是在周五上午接受中国记者的采访。

结果，在中国的报纸上，日本新闻通讯社的新闻所占的版面在持续缩减。日本人很多在华的重要报纸都停办了。随着北京落入国民军队之手，《顺天时报》和《北华正报》(*North China Standard*)

---

① 王正廷（1882—1961），字儒堂，号子白，浙江奉化人。民国时期外交官、体育活动家。1896年考入天津北洋西学堂（今天津大学）。1907年赴美国留学，1910年毕业于耶鲁大学法律系。曾任黎元洪都督府外交司司长、临时参议院议员。1912年中华民国成立，任唐绍仪内阁工商部次长兼代总长。1913年4月当选为参议院议员及副议长，一度代理议长，后因袁世凯以暴力压迫国会和议员，被驱逐出北京。1916年国会恢复，继任参议院副议长。1917年赴广州参加护法运动，9月署理军政府外交总长。1919年为中国出席巴黎和会全权代表之一。1921年到北京就任中国大学校长。1922年12月11日被黎元洪任命为代理国务总理兼外长，至月底结束。1923年3月任中俄交涉督办，1924年5月与苏联代表签订“中俄协定”。后两度任外长，一度兼财政总长。

1928年6月，王正廷任南京国民政府外交部长、中国国民党中央政治会议委员、国民党中央执行委员等职。1936年8月出任驻美大使。1938年9月奉调回国，任国民党中央执行委员和国民政府委员。抗战胜利后回上海，任上海市参议员、中华全国体育协进会理事长、中国红十字会会长、交通银行董事等职。1949年初去香港，任太平洋保险公司董事长等职。1961年5月21日在香港病逝。著有《王正廷博士演讲集》。王正廷致力于奥林匹克运动在中国的开展，对中国体育事业作出了很大贡献。——译注也马上从北京的报纸名单上消失了。在1929年7月31日，日本联合通讯社正式取代了被公认为是日本在华外交事务处的官方喉舌——东方通讯社。日本联合通讯社和日本电报通讯社的在华新政策开始集中于从中国的各中心城市采集新闻，为日本国内报纸服务，在华新闻发布工作则处于相对次要的地位。

然而，日本媒体在日本人享有特殊利益的东三省和关东租借地的境遇却不同。这些地区的日本人超过了20万，而当地的中国人只有890 866人。日本人控制的南满铁路长春至大连段，总长度大约698.4英里（约1 123.94公里）。现在的合资铁路总资本超过4亿日元。据估计，1929—1930财年，这段铁路的纯利润总值近3 500万日元。

南满铁路公司在中国北部的重要港口大连出版日报是意料之中的。大连报纸《满洲日报》（*Manshu Nippo*）[①] 的日发行量达30 000份。显然，这是最大和最有影响力的在华日文报纸。大连过去有三份日文日报，分别是《满洲日报》、《辽东新报》（*Shimpo Ryoto*）和《大连新闻》（*Dairen Shimbun*）。《辽东新报》属于个体公司所有，其编辑策略之一就是给南满铁路公司找茬儿。《辽东新报》如愿以偿地给南满铁路公司带来了麻烦，所以铁路当局被迫以高价将它买下。据报道，购买价格在20万~30万美元之间。

接下来，公司开始物色合适的人选来经营这份合并后的《满洲日报》。高柳（Takayanagi）被任命为报纸的总经理。高柳是田中义一（Tanaka）内阁的好友，在1917年日本出兵入侵西伯利亚时，日本政府派遣他到海参崴领导当地的帝国情报局。他随后担任南满铁路公司的最高顾问。

---

① 《满洲日报》日文应该为 *The Manchu Nippon*，见《中国报刊目录（含香港）》[*Newspaper Directory of China*（Including HongKong）]，Carl Crow，INC. 出版发行，1935年，第29页。——译注

在政友会执政时，高柳作为田中义一内阁的朋友自然成为《满洲日报》的负责人。齐藤次郎（Shiro Sato）被任命为报纸总编。田中政府垮台后，民政党号召重组南满铁路公司。1931 年 2 月，高柳辞职。从前任命政党要员为《满洲日报》负责人的政策备受诟病，因为东京政府人事的频繁变动为大连报纸的发展带来了极大的不便。最后，日本当局决定将中立的记者松山忠次郎（Chujiro Matsuyama）——前东京《东京朝日新闻报》（*Tokyo Asahi*）主笔——派往大连，出任该报的总编，他是位专业人士，且没有政治背景。

随着《辽东新报》被《满洲日报》并购，大连就有了创建竞争报刊的空间。《大连新闻》这份发行量小又几乎没有财力支持的报纸跃居显著地位，接替《辽东新报》成为南满铁路公司的“揭丑者”。

东三省另外一份日本人所有的重要报刊是在沈阳出版的中文日报。1901 年，中岛（Shinyu Nagajima）在北平创办著名报纸《顺天时报》，1906 年他又在辽宁创办《盛京时报》。《盛京时报》的日发行量为 16 000 份。1925 年，《盛京时报》组建公司，日本著名记者佐原大武士（Tobushi Sahara）被推选为新公司总裁。

辽宁还有另外三家日本人所有的报纸。《奉天新闻》（*Fengtien Hsinwen*）于 1917 年创办，号称日发行量为 5 000 份。报纸执行总编为齐藤吉大（Yoshiwo Sato）。另外两份报纸的发行量相对较小。《奉天日日新闻》（*Fengtien Nichi Nichi*）原称《南满日报》（*Nan Mang Jih Pao*），于 1926 年重组，现任执行主编为井谷仁（Jin Jotani）。《奉天每日新闻》（*Fengtien Mainichi Shimbun*）创办于 1920 年，报纸创办人松美屋元木（Motoki Matsumia）已经去世。

南满铁路沿线的另外两个主要城市安东和营口也出版日文报纸。安东的日文报纸是《安东新报》（*Antung Hsin Pao*），创办于 1906 年，现在的日发行量为 2 500 份，执行总编为川复（Atsushi Kawamata）。除了在安东发行量大之外，报纸在朝鲜新义州也有大批日本读者。营口的《满洲新闻》(*Manshu Hsin Pao*)创办于1908年，报纸现任主编是大川(Yoshikasu Ogawa)。

近几年，哈尔滨出版了两份日文报纸。其一是于1922年创办于哈尔滨的《哈尔滨日日新闻》(*Harbin Nichi Nichi Shimbun*)，现在报纸的日发行量达1 200份，由片间(Uji Kotama)创办，报纸执行总编为齐藤次郎。大约一年后，夫干固仁(Kojin Ogara)创办《哈尔滨时报》(*Harbin Jiho*)，现在该报的日发行量大约为600份。

相对于其他地方，北平的日本报刊境遇较好。中文报纸《顺天时报》多年来一直是华北的重要日报。《顺天时报》大胆揭露北京政府的阴谋，独家报道战争消息，其受欢迎的程度令北平的其他日本报纸乃至当地报纸望尘莫及。袁世凯企图称帝期间，该报创下了日发行量12 000份的纪录。报纸通过评论栏目和揭露该事件的新闻快讯抨击了袁世凯复辟帝制的阴谋。鉴于该报的巨大影响力，袁世凯的支持者竟然不惜花费30 000美元，让报社印制一份刊有拥护袁世凯当皇帝的倡议书的假报纸！袁世凯看了这份假报纸后还真以为自己的野心获得了全国民众的支持。

《北华正报》是北平的另一家日本报纸。这张英文报纸从1919年开始报道日本人对华事务的评论，并极力排挤美国人所有的《北京导报》(*Peking Leader*)。这两张报纸竞争得不可开交。在订阅量和广告量方面，双方展开了激烈的竞争。《北华正报》的反华观点很快在所谓的东交民巷使馆区和顽固的外商中间深受欢迎。1928年5月，惨绝人寰的“济南惨案”发生之后，《北京导报》主笔柯乐文(Grover Clark)[①] 和《北华正报》主笔哥尔门(George William Aloy-

---

① 柯乐文(Grover Clark，1891—1938)，美国记者、教授，曾在华执教、办报。——译注

sias Gorman)[①]接连几天在各自的报纸上刊登言辞激烈的头版社论。前者认为，日本军队不应该进入山东，而后者则极力为日本政府辩护。

北洋政府垮台后不久，《顺天时报》和《北华正报》很快就从北平报纸名单中消失了。它们与当地国民党政府之间摩擦不断，也受到中国报童们的抵制。南京强势中央政府的建立使得北平实际上成为一座“死城”，这座古老的帝都遭遇了严重的经济萧条。日本相关部门决定停止出版这两份报纸。这样，北平只剩下两张不重要的日本报纸。其中一张是创办于1923年的《北京新闻》(*Peking Shimbun*)，日发行量为400~500份。这张报纸经常接受南满铁路公司的津贴资助。然而，随着政治中心从北平转移到南京，这种津贴就中断了。《北京新闻》前主笔佐富（Satomi）现任南京南满铁路公司的代理人，他的继任者是坂本（D. Sakamoto）。另外一张报纸是创办于1913年的《新支那》(*Hsin Shina*)，现在的日发行量大约为200份，其执行主编是音渡（Mangichi Ondo）。

上海日文报纸的历史可以追溯到日俄战争期间。日本与英国结盟后，于1902年决定对俄发动战争，声称旨在维护中国的领土完整和朝鲜的独立。1903年2月9日，双方正式宣战。当时，日本国内认为有必要建立一种媒体，用以表达日本人对欧洲各国及美国对中国肆意侵略的看法。佐原大武士结识了很多国际友人，他在日本财团的有力支持下，获得了上海一家英国报纸《文汇报》(*Shanghai Mercury*）的控制权。这张报纸于1931年被《大美晚报》并购。

上海历史最长的日文日报是户出三郎（Saburo Ide）于1904年创办的《上海日报》(*Shanghai Nippo*)。户出三郎曾经两次当选日本国会议员，在华生活长达43年。1929年12月，这张报纸被叶田购

① 哥尔门（George William Aloysias Gorman，1888—?），英国人，曾任驻华记者。——译注

买。叶田毕业于上海著名的日本东文学院。他曾经与北平《顺天时报》的编辑们有过来往，并于1914年创办东方通讯社。在之后东方通讯社重组的过程中，叶田被任命为这家实力雄厚的新闻通讯社的上海部经理。当东方通讯社于1929年7月31日被日本联合通讯社收购时，叶田辞职并全身心地投入到《上海日报》的收购中。户出三郎开始要价10万美元，最后的成交价却是4.5万美元。这张报纸的日发行量达3 500份。当时上海只有3万日本人，所以这个发行量已经很不错了。

上海还有另外两家日文日报。《上海每日新闻》（*Shanghai Mainichi*）[①] 创刊于1918年，总经理是佐久次郎（Fukumachi Sakujiro）。宫自（Kando Miyaji）是另外一张报纸《上海日日新闻》（*Shanghai Nichi Nichi*）的总裁，这张报纸创办于1914年。由于上海的日文报纸主要依赖地方财力支持，所以它们倾向于重点报道商业新闻。这一思路的目的是提高报纸在日本的发行量。它们在中国其他城市设有特派记者。日本联合通讯社和日本电报通讯社等日本通讯社为这些报纸提供政治和商业新闻。有人相信，如果他们开辟更多版面刊登关于在华商业评论的话，报纸将会吸引长崎、大阪和其他重要港口城市的日本商人，他们非常关注中国的商业境况。

汉口的日本人只有2 000名，所以汉口的日文日报预期不会有大的发行量。《汉口日报》（*Hankou Nippo*）创办于1907年，日发行量为1 000份。这张报纸不仅在汉口有读者，而且在湖南长沙、四川重庆、湖北宜昌和长江沿岸的其他地方都有人订阅。报纸的执行主编岡越次郎（Koshijiro Oka）两年前（1929年）已去世，报纸随之

---

① 《上海每日新闻》的英文原来为*Shanghai Mainichi*，根据广告代理公司Carl Crow, INC.（Advertising and Merchandising Agents）1935年在上海出版的《中国报刊目录（含香港）》［*Newspaper Directory of China*（*Including Hong Kong*）］，应该为*Shanghai Mainichi Shimbun*。——译注

停刊。

现在，汉口只有一张日文日报《汉口日日新闻》(*Hankou Nichi Nichi Shimbun*)。它创办于1918年，执行主编是美之美屋（Goro Utznomia)，日发行量为400~1 000份。

在天津的日本人中存在两个截然不同的群体。一个群体完全是本土化性格并且没有任何政治背景，其成员往往在天津有自己的商业。相反，另一群体的成员则由日本派遣到天津，作为日本国内某些公司的代理。这样，天津就顺理成章地有了两份报纸。《京津日日新闻报》(*Keishin Nichi Nichi*）创办于1918年，日发行量达1 200份，报纸执行主编是森泽（Teruda Morikawa)。过去，天津有两张日文日报《北清时报》(*Hokushin Jiho*)[①] 和《北支那每日新闻》(*Kitashina Mainichi*)。1910年，这两张日报合并为《天津日报》(*Tientsin Nippo*)。报纸前任总裁是西村（Hiroshi Nishimura)，两年前(1929年）去世，由新渡（Kishi Shindo）继任。

1914年的世界大战给日本创造了一个巩固在华山东势力的机会。作为英国的同盟国，日本于1914年8月15日向德国提出“建议”，从远东撤出所有德国战舰并将胶州湾租借地交给日本。由于没有得到德国的回复，日本于8月23日向德国宣战并进攻德国侵占的领土。

日本军队占领青岛后不久，《青岛新报》(*Tsingtao Shimpo*）创刊，创办人是吉渡（Tamana Kito)，现在的执行主编是片荷（Shetsewo Kotani)，报纸的日发行量大约为2 000份。在济南，阔伊太郎(Itaro Oka）于1919年创办《山东时报》(*Shantung Jipao*)，报纸现在在青岛设有办事处，并创办大约两个版面的青岛每日专辑。

在华创办时间最长的日本日报是在福建省福州出版的《民报》

① 赵敏恒中文版原文为《北晨时报》，根据周桂荣编著《近代日人在华报业活动》[三联书店（香港）有限公司2007年版]，应该为《北清时报》(*Hokushin Jiho*)。——译注

(*Min Pao*)。创办人真失田（Hyo Mayada）现已去世。《民报》创办于1897年，一般使用中文出版，也出版两个版的日文增刊。在过去几年内，福州地方政府对该报的反华态度极为不满。

广州有一家日文日报——《广州日报》(*Canton Nippo*)，报纸的发行量很小，在广州事务中不占主流地位。

中国的日本报商对于在华报业的未来充满了担忧。在过去，他们有强大的南满铁路公司和其他诸如横滨正金银行、三菱会社、日清汽船株式会社等在华日本企业的支持。当《上海每日新闻》首次组建时，报社得到上海日本股票交易所2万~3万美元的资助。1929年日本经济危机的冲击和银元货币史无前例的低迷，造成1930年中国进口贸易混乱，各类公司都发现有必要削减其广告预算。因此，在华大多数日本报纸将无法维系，除非日本国内和在华商业出现复苏。

在华日本新闻通讯社的历史可以追溯到世界大战时期。日本著名记者多户（Genichiro Tatai）参加了凡尔赛会议，对英国路透社和美国合众通讯社的印象非常深刻。当多户回到东京时，他与日本外务省商谈此事。多户认为，日中关系对于日本来说至关重要，为了对华宣传日本的观点，有必要在中国建立新闻通讯社。他的建议得到日本政府领导人的赞同。1920年，多户被邀来华组建新闻通讯社。

当时上海已有一家日本新闻通讯社，由叶田于1914年创办。该通讯社在北平、广州、汉口和辽宁设立办事处。多户与叶田进行了多次谈话之后，决定重组通讯社，东方通讯社随即成立。作为日本外务省在华官方机构，该通讯社享受日本政府津贴。通讯社的新闻信息以每月400日元的价格卖给日本国内的报纸。然而，后来日本外务省拨发的津贴数额持续减少，直到无法维系该通讯社生存。

1926年[①]，东方通讯社与国际通讯社（Kokusai）合并，形成闻名于世的另外一家通讯社——日本联合通讯社，全名为“日本新闻联合社”（Nippon Shimbun Rengo-sha）。由于与路透社签订了合同，日本联合通讯社不能在中国发布新闻，所以新组建的通讯社继续以东方通讯社的名义在华发布新闻信息。1919年，路透社和日本联合通讯社修订合同，使得东方通讯社的名称在华失去意义。于是，在1929年7月29日，东方通讯社正式被取消，日本联合通讯社在华首次以官方形式出现。

日本联合通讯社，或者称其母公司国际通讯社（Kokusai），是第一家处理国际宣传事务的日本新闻通讯社。

三十多年前，肯尼迪（James Russell Kennedy）任美国合众通讯社驻东京记者。他曾向日本政治领导人建议，在日本组建一个处理国际宣传事务的国际新闻通讯社。然而，多年过去了，此事没有实质性进展。后来，这项提议得到伊藤（Ito）、腾等（Katsura）和涩泽（Shibuzawa）伯爵的关注。伊藤是当时最有影响力的政治领袖，而涩泽伯爵在日本金融界享有很高声誉。1913年，该项目取得明显进展，一年后国际通讯社组建起来。最初几年，日本缺乏富有经验的报人来有效管理新闻通讯社，所以肯尼迪受聘担任执行主编。历史已经表明，不论是通讯业，还是其他行业，日本人都是十分善于学习的。1872年，很多奥地利军官受聘于日本政府来培训日本军人的打仗韬略；这些奥地利军官们的任务完成得实在太出色了，以致不久之后，日本人就不再需要他们来教打仗了。日本海军的组建在很大程度上受益于英国军官，但是英国人的服务和帮助在几年后便没有必要了。正如人们所预料的那样，国际通讯社的管理也很快转移到精干的日本记者手上。通讯社没有设立驻外特别机构。国际通

① 此处，东方通讯社与国际通讯社的合并时间“1926年”与下文（英文版第34页）两家通讯社合并时间“1920年”有出入。原文如此。——译注

讯社和路透社签订合同，规定来自世界各地的路透社新闻稿可以通过国际通讯社在日本发布。

1920年①，国际通讯社与东方通讯社合并为日本联合通讯社。该通讯社大致是模仿美国合众通讯社组建起来的，旗下汇聚了一批日本大报，包括《报知新闻》（*Hochi Shimbun*）、《东京日日新闻》（*Tokyo Nichi Nichi*）、《东京朝日新闻报》（*Tokyo Asahi*）、《大阪每日新闻》（*Osaka Mainichi*）、《大阪朝日新报》（*Osaka Asahi*）、《时事新闻》（*Jiji*）、《阿大新报》（*Otaru Shimbun*）、《神户新报》（*Kobe Yushin*）、《此方新闻》（*Kochi Shimbun*）、《三要新闻》（*Sanyo Shimbo*）、《京新日报》（*Kinshi Nippo*）和《支那每日报》（*Shino Mainichi*）等报纸，总裁是岩中（Uykishi Iwanaga）。每个成员报纸每月向日本联合通讯社缴纳2 000日元的新闻服务费。该社在大阪总部的商业新闻办事处年收入大约50万日元，没人相信，通讯社的收入抵得上开支。人们普遍认为，通讯社接受了日本外务省的财政支持。除了在日本主要城市设立特殊机构外，通讯社还在伦敦、柏林、纽约、巴黎、日内瓦、温哥华、火奴鲁鲁、马尼拉等地派驻记者。

在中国，该通讯社在大连、奉天、长春、哈尔滨、北平、天津、上海、南京、汉口、青岛、济南、满洲里、福州、鞍山、香港和广州等地设立办事处。

下面记录了1930年8月日本联合通讯社东京总部从不同国外机构接收的信息，这些信息颇有意味：

欧洲到日本	145条信息
	6 814个字
中国	421条信息

① 此处国际通讯社与东方通讯社的合并时间“1920年”与上文（英文版第33页）的合并时间“1926年”有出入。原文如此。——译注

	16 735 个字
从中国不同城市	
南京	43 条信息
	1 591 个字
北平	66 条信息
	2 487 个字
济南	5 条信息
	248 个字
天津	9 条信息
	224 个字
汉口	77 条信息
	2 888 个字
九江	1 条信息
	44 个字
青岛	5 条信息
	179 个字
广州	1 条信息
	24 个字

一般情况下，从南京和上海发出的信息要比从中国其他城市发出的信息多。1930 年 8 月，从汉口意外地发出了大量的信息，这是由于湖南省和湖北省爆发了共产党领导的革命运动。同是 8 月份，北平也反常地出现大量的新闻，这在很大程度上与 1930 年 8 月阎锡山、冯玉祥发动的反蒋战争有关。

1931 年 2 月，日本联合通讯社上海办事处传送到东京的信息超过 150 条，总计约 4 000 字。上海每天传送到日本总部的信息大约有 5 条。这个数字包括来自南京办事处的一些信息。通常情况下，南京记者通过长途电话传送信息到上海，再由上海转送到日本。上海和日本之间新闻信息的电报价码大致为每字银洋两角一分，普通信息每字银洋七角五分。上海办事处是日本联合通讯社在华最大的办事处，其每月开支在 4 000 ~ 5 000 美元，而其他办事处每月的开支总计约 1 500 美元。日本联合通讯社在上海提供的常规新闻服务每月收费 70 美元，中文新闻服务收费 20 美元。

中国只有两家著名日本新闻通讯社。一家是日本联合通讯社，另外一家是日本电报通讯社（Nippon Dempo Tsushin，或者 Telegraph News Agency）。电报通讯社由越中氏（Hoshiro Mitsunaga）创办于 1900 年。准确说来，该组织在创立之初还不是新闻通讯社，它一度充当着广告代理商的角色，后来才成为通讯社。在富有远见和精力充沛的越中氏的领导下，该通讯社发展起来。它在全国所有主要城镇设置服务网点，派驻记者采集国内新闻。它与美联社等外国通讯社的联系也建立起来。现在，它已经参与了国际新闻报道。

日本电报通讯社于 1919 年首次亮相中国。几年里，它的分支机构遍布大连、奉天、北平、汉口、天津和上海，并在南京、青岛、广州、济南、重庆和哈尔滨等地派驻特别报道组，其常规新闻和商业信息服务分布在大连、辽宁、北平、汉口、天津和上海。最近的报道显示，它计划在中国创办另外两个办事处，并在南京发布新闻信息。假如后一项提议实现的话，日本电报通讯社将是第一家在中国首都发布新闻信息的外国通讯社。尽管路透社、日本联合通讯社和美联社也在南京派驻代理，但他们并没有在南京发布新闻。此前，国民政府的官方报刊《中央日报》向路透社示好，探讨南京使用路透社的新闻信息的可行性。大约一年前，国民党中央的官方喉舌中央新闻通讯社也与路透社交涉，意在获得在南京发布路透社新闻的授权。然而，这两个项目都没有了下文，这主要是因为缺乏快速的电报传输设备。

商业通讯社为了生存必须出售新闻信息。日本联合通讯社除了接受日本主流报纸的财力支持外，作为日本政府的喉舌，它总能说服政府给予必要的支持。而日本电报通讯社的情况就不同了。其竞争对手“抢先报道新闻”给它带来致命的打击。自然而然地，它的新闻报道倾向于耸人听闻的风格，这样的策略经常被中国官方误解。在中国，日本电报通讯社被看成是反南京政府的。

日本电报通讯社采取的策略并不新颖，欧洲和美国的许多报纸和通讯社都曾采用这样的策略。纽约的上流人士不屑于阅读创办初期的《纽约世界新闻》(*New York World*)。但是，随着报纸发行量的急剧增长，赢得了纽约主流报纸的地位之后，报纸编辑策略的改变逐渐产生效果。它不再是一家耸人听闻式的小报。诸如《纽约美利坚新闻》(*New York American*)、《日日新闻》(*Daily News*)、《图画晚报》(*Evening Graphic*) 和《日日镜报》(*Daily Mirror*) 等其他报纸填补了现在已经不复存在的老《世界新闻》(*World*) 的空缺。

因为在中国不同地区设立办事处的花费太高，日本的大多数报纸都依赖日本联合通讯社和日本电报通讯社获取中文新闻。然而，东京和大阪的某些主流报纸在中国的各大政治中心都派出了各自的专职记者，诸如《大阪朝日新报》、《大阪每日新闻》和《时事新闻》等报纸在南京、上海、北平、天津、汉口和奉天等地设有办事处。

从日本记者在南京令人咋舌的表现就可管窥他们在中国采写新闻时的“激昂”姿态。日本驻沪总领事馆前总领事矢田七太郎(Shichitaro Yada) 于1928年来到南京，与中国外长王正廷商讨诸如济南事变、南京和汉口事变、中日关贸协定和其他重大议题时，南京的电报、电台和电话中充斥着日本记者关于两位外交官对话的信息报道。日本记者以紧急状态的信息处理价位预订了上海和南京之间自上午九点钟到午夜的所有长途电话。话费大约为每分钟银洋1

元。日本报纸如实报道矢田七太郎的一举一动及其谈话的细节。

在原北京政府的统治下，每当政府领导人接受报纸记者采访时，总有翻译在现场，以便日本记者采访。通常，中国官员不接受本土记者的采访，反而愿意接见日本记者。但在南京情况就不同了，日本记者很难采访到新闻。一方面是因为很多日本记者不会讲流利的汉语，另一方面国民政府中也没有日本顾问给他们提供有关政治发展态势的“提示”。实际上，几乎每一个在南京的日本记者都得雇用中国记者为其收集最新的政府动向。由于愿意从事这种工作的中国报人并非优秀记者，所以日本记者获取的关于中国政治动向的新闻有时候并不准确或者不完整。

这里有一个经典案例。国民政府于 1930 年 12 月 29 日公布了新的进口关税计划。在进口关税公布前的几个月，南京的每一位中国报人和日本记者都使出浑身解数想要获取新计划的复制本。负责处理该事务的财政部和立法院拒不透露任何相关的信息。日方的商业公司尤其焦急地想提前获取信息，因为如果关税急剧增长，他们的生意将受到严重影响。南京的一些日本记者以每份 500 美元的价格购买该计划书的复制本。当 12 月 29 日国民政府公布完整的计划书时，购买复制本的日本记者才发现自己所购买的只是财政部关税委员会的第一份草案，他的心情是多么沮丧！立法院对关税税率进行了大幅度的修改。

日本记者采写新闻过程中所面临的另外一个障碍是，他们往往还没有在一个地方安顿下来，国内办事处就把他们派到另一个城市去，而在那个陌生的城市里他们一切都要从头开始。几年来，《大阪朝日新报》曾三次改换派驻南京的记者，日本联合通讯社改换过两次。一个人要熟悉周围的环境本来就比较困难，特别是在异国他乡。当日本记者开始结交朋友并建立自己的交际圈，以便在一个地方进行局部的活动时，他又被派往另一个地方。不但即将离任的记者难以适应，继任者也很难适应新的工作环境。

在华日本报纸编辑和驻华记者责任重大，他们为营造两国之间的友谊所发挥的作用有时甚至要大于外交官。我们必须铭记，在华日本报纸是在为日本公众记录和阐释中国所发生的事情。币原喜重郎（Baron Shidehara）[①] 再三重申其关于中日关系的观点：

> 为促进中日两国友谊计，更加公开而有效地追求两国之间政治和经济的互惠和合作的途径，是明智之举。两国之间真正和持久的利益难免发生冲突，而彼此的共同利益在于充分相信日益增强的友好关系。

中日贸易在不同时期由于政治缘故而遭受损失。在华日货于1915年、1919—1922年、1931年遭遇抵制，最近的反日问题是“济南惨案”以及韩国的反华暴动。然而，中日贸易的障碍在逐渐消失，日本贸易在上升，由于地理接近和习性相似，中国市场上的日货比欧洲和美国的产品更有优势。

托马斯·卡莱尔（Thomas Carlyle）[②] 曾说，世界上优秀的记者都是游说者。在华日本新闻事业旨在清除中日相互理解的障碍，为中日长久友谊奠定基础而发挥重要作用。

---

① 币原喜重郎（1872—1951），日本第44任首相（1945年10月9日至1951年5月22日），外交家。——译注

② 托马斯·卡莱尔（卡列利）（Thomas Carlyle，1795—1881），苏格兰评论家、讽刺作家、历史学家，其作品在维多利亚时代具有影响力。——译注

第三章　英国在华的新闻事业

路透社比战舰和军队更为强大和危险。

——《柏林日报》(*Berliner Tageblatt*)

在世界大战的第三年，德国潜艇成功地切断一条英国的海底电缆。当英国修复轮船把电缆终端再次连接起来的时候，发现在电缆上附着一只瓶子，瓶子里有张纸条，上面写道："这是U4号潜艇队员干的，目的就是要中断路透社他妈的反德工作。"路透社遍布世界各国的广泛影响激起了德国人的妒忌心，也引起从政府官员到民众的普遍愤怒。一直到大战结束，路透社在中欧国家中既遭嫉恨又受尊敬。

路透社被认为是英国领地之外最典型的英国机构，它只是努力做好日常工作，却在远东地区比任何其他独立机构都更好地营造了英伦的氛围，并传播英国人的观念。实际上，从苏伊士运河出发，穿过英属海峡两岸殖民地，到荷兰属东印度地区，再到中国香港和中国内地，这整条线路上用英语和当地语言传输有线新闻的只有路透社和路透社美国特约电讯。

80年前，一位居住在英国并成为地道英国居民的德国年轻人保罗·朱丽斯·路透（Paul Julius Reuter）创办了路透社，这并不奇怪。在维多利亚时代的早期，无论是个体还是宫廷之间，或者其他领域，德国与英国的联系都十分紧密；半个多世纪之后，两国之间的敌对状态导致世界大战，在当时看来简直不可思议。路透是一个富有理想和才华的青年，他是世界上第一个设想成批搜集新闻信息并大范围传送的人。路透是犹太人。有趣的是，几个世纪之前搜集和传播国际新闻的主要人物都属于闪米特人——即犹太人和阿拉伯人，他们遍布四海，从古代东方小集市的信息持有者到神圣罗马帝国时代的富格司氏，从当时到滑铁卢时代，都有他们的影子。根据传说，滑铁卢之战时，罗斯柴尔德家族（Rothschilds）[①] 通过获取战事发展和结果的预言报告，使得家族生意兴隆。但是，所有这些信息贩卖者的初始目的并非确保信息在当时的新闻信上发表，而是用来促进贸易的发展和财力扩张。的确，当初路透创办通讯社的初衷也是如此。路透是艾克斯拉沙佩勒（Aixla-Chapelle）的一位年轻银行职员，他研究原始而迟缓的邮车从布鲁塞尔拉来的报告所显示的各种市场活动——有些资料不可避免是过时的。随着兴趣的拓展，这位青年人越来越意识到，假如能在所有人之前获取信息并进行传播，供当时城镇的资本家在生意场上使用，这些信息的价值将是巨大的。他突发奇想，使用信鸽从布鲁塞尔快速传递信息。于是，他购买了几只信鸽，在每天的交易所打烊之后立即安排一个朋友在比利时首都放飞两只信鸽，每只信鸽都连挂一个内装写有最新市场价格小纸条的小丝绸袋子。这位年轻人的计划得以顺利实施。信鸽总是在邮车数小时之前到达艾克斯拉沙佩勒，资本家因为路透给他们提供的不可估量价值的信息而付给他相当可观的报酬。于是，这位银行职员就购买更多的信鸽，把业务扩展到欧洲大陆腹地，而且路透很快就认识到铺设法国卡莱和英国多佛之间第一条电缆的可能性和必要性。他不仅把自己看做为银行家和经纪人提供商业、价格和利率等金融信息的提供商，而且还是通过报纸为公众提供有趣的政

① 罗斯柴尔德家族指的是德国犹太人梅耶·罗斯柴尔德（Mayer Amschel Rothschild，1744—1812）家族，他和他的5个儿子即“罗氏五虎”先后在法兰克福、伦敦、巴黎、维也纳、那不勒斯等欧洲著名城市开设银行，建立起了当时世界上最大的金融王国。——译注

治和其他情报信息的服务者。

路透成为本土化的英国公民后，把伦敦作为开展英国业务的中心。他开始在伦敦的皇家交易所开展少量业务，经过一段时间，他把英国报刊纳入自己设想的信息传输体系。一经尝试便取得成功，路透就义无反顾地走下去。他的新闻通讯社以家庭式的管理模式经营至1865年。1865年，路透把通讯社卖给一个叫路透电报有限公司的机构，自己拥有公司的绝对控制权，公司的原始资本为20万英镑。之后，公司资产增长到50多万英镑，完全没有债务。1879年，已经被封为男爵的朱丽斯·德·路透（Baron Julius de Reuter）退出通讯社控制权，由儿子赫伯特·德·路透男爵（Baron Herbert de Reuter）接任。世界大战爆发不久，赫伯特·德·路透去世，钟斯（Roderick Jones）接任。

为了防止通讯社的股份落入同盟国手中，通讯社以路透有限公司的名义转化为一家私营公司。1925年，英国新闻界联合会（Press Association）① 与钟斯先生成为路透社名义下英国报纸的联合监管者，在钟斯去世之后的时期，路透社的整个所有权转移到英国报业手上。当路透社完全变成非官方机构时，在全国金融危机的日子里，它成为英国和全球其他地区之间每时每刻电报传送的唯一渠道。

虽然最近几年出现了商业萧条和国际金融危机，但路透社的业务扩展和网点建立仍在继续。其国外业务在七大总经理的控制下，分别驻守在上海、孟买、开罗、墨尔本、开普敦、纽约和渥太华。每位总经理对伦敦总部负责，管理各自辖区的经理、代理和记者。上海的管辖权由海峡两岸向华北和华东扩展，覆盖了中国东三省、西伯利亚、韩国、日本、菲律宾、婆罗洲岛和荷属东印度群岛。孟买的总经理管辖印度、缅甸、锡兰（斯里兰卡旧称）、暹罗（泰国

① 英国新闻界联合会（Press Association）成立于1868年，是英国主要的新闻内容和新闻服务的提供商。——译注

旧称）、中国西藏、阿富汗、波斯、美索不达米亚和土耳其斯坦（某些外国人对里海以东广大中亚地区的称呼）。开罗的总经理负责埃及、苏丹、阿比西尼亚（现在的埃塞俄比亚）、巴勒斯坦和阿拉伯。墨尔本总经理的管辖范围覆盖澳大利亚、新西兰和太平洋诸岛。开普敦总经理负责南非联盟、西南非洲、莫桑比克、东非和罗的西亚（现在的津巴布韦），远到赞比西河亚和大湖区。纽约的总经理负责路透社在美国、南非和加拿大渥太华等地的职员和业务。欧洲大陆，从赫尔辛基到马德里，从克里斯蒂安妮亚（挪威首都奥斯陆旧称）到君士坦丁堡，以及东非、西非、中非、南美洲和其他不属于七大管理区之一的地区都直接归属伦敦管辖。

世界各个建立通讯社的国家，主要新闻通讯社都与路透社签订了长期协约，成为路透社的附属机构。例如，法国的哈瓦斯通讯社、德国的沃尔夫通讯社、意大利的斯蒂法尼通讯社（Stefani Agency）、西班牙的法布拉通讯社（Fabra Agency），以及其他欧洲国家的通讯社；路透社还与美国的美联社和其他国家的十几家通讯社建立了合作关系。在这些国家中，路透社建立办事处和记者站，他们不但发布本社记者采集的新闻信息，而且他们还拥有附属代理公司采写的独家和第一手的新闻信息。经过筛选和审查的新闻信息通过电缆和无线电传送到伦敦本部，这些信息在伦敦再次经过把关，然后传播到全球各地。在一些地区，路透社以本社的名义发布新闻，如北非、南非、东非、西非、澳大利亚、新西兰、印度、马来西亚、荷属东印度公司、中国和其他一些国家，而在另一些地区，路透社以该国的附属机构的名义发布新闻，这成为该附属机构的一项服务内容。实践和经验已经表明，在一个中心地区采集新闻，然后传递到世界各地的过程是成本最低而速度更快的信息传播模式。

路透社协定形成了在伦敦会聚全球新闻的体系，在体系之外又建立了较小通讯社的联盟协作形式，这使得伦敦成为全世界新闻信息的交换中心，同时，较低的新闻集散成本保证了新闻的高产出。然而，路透社每年用于联络各通讯社的成本估计超过500万英镑，这笔花费还不包括路透社联盟之外的新闻通讯社。

路透社协定把世界通讯社连接起来，其中包括美国美联社、法国哈瓦斯社、德国沃尔夫社、意大利斯蒂法尼通讯社、西班牙法布拉通讯社、比利时通讯社（Agence Telegraphique Belge）、荷兰通讯社（Nederlandsch Telegraaf Agentschap）、丹麦瑞查通讯社（Ritzaubureau）、瑞典通讯社（Tidningarnas Telegrambyra Aktiebola）、挪威通讯社（Norsk Telegrambureau）、瑞士通讯社（Agence Telegraphique Suisse）、布拉格捷克斯洛伐克通讯社（Czechoslovak Press Bureau）、塞尔维亚南斯拉夫通讯社（Yugoslav Press Bureau）、华沙波兰通讯社（Polish Telegraph Agency）、保加利亚通讯社（Agence Telegraphique Bulgares）、希腊雅典通讯社（Agence D'Athenes）、罗马尼亚东方广播通讯社（Agence Orient-Radio）、俄罗斯罗斯特通讯社（Rosta Agency）、土耳其安纳托利亚新闻社（Agence Anatolie）、拉脱维亚通讯社（Latvian Telegraph Agency）、爱沙尼亚通讯社（Esthonian Telegraph Agency）、立陶宛通讯社（Lithusnian Telegraph Agency）等。在英国，路透社与英国新闻协会（Press Association）关系密切，他们之间的联系和合作持续近60年。通过英国新闻协会，路透社的新闻传播到各地方报纸，而新闻协会在这些报纸上刊登的外国特别报道由路透社独家提供。伦敦出版的报纸则直接从路透社获取新闻信息。

路透社在中国的活动始于19世纪60年代末。1931年3月11日，《字林西报》（*North China Daily News*）再版了1871年3月11日的一篇文章，该文以有趣的笔触描述了电报在欧洲和东亚之间通讯的先进性。1871年的原文写到该文编辑曾收到来自上海的消息：路透社上海分社已经准备接收信号并通过邮政发至新加坡，然后通过电报从新加坡发至伦敦。该文还指出，新加坡—香港第一分社最近还收到来自南安普顿的电讯。除此之外，西伯利亚到符拉迪沃斯托克附近的彼得大帝湾之间的电报线缆也已架设完毕。在不久的将来，上海和彼得大帝湾之间沿海的电报线缆也将铺设起来。这篇文章重点提到了格兰特（C. Mitchell Grant）先生。迄今为止，格兰特已经通过海路多次成功地为顾客收发电报。这些电报先由海路从上海发到天津，再由漫长而危险的陆路从天津到西伯利亚地区的大北电报公司恰克图中转站，再从恰克图转到欧洲。除去昂贵的成本和大量的时间，还需付款给上海洋行老板，让他们通过这条两千多英里的线路将消息传到欧洲的电报办公室，这样才能抢在每月通过苏伊士运河运往欧洲的邮件到达之前将新闻送达。六十年来，新闻行业发生了多么伟大的变革！今天，上海的讯号两分钟内就可传到伦敦，而无线通讯技术仍在飞速发展。

1872 年，科林斯（Henry W. Collins）先生来到中国，筹建路透社远东分社。那时候，到吴淞港的电报线缆都还没有。几年后，人们建起了一个收发站，但不久又将其拆除，理由是“扰乱风水”。

为了用电报来改进西伯利亚陆上通讯线路，使其在与日本的通讯中得到更加充分的利用，俄国与大北电报公司达成了一项协议——将丹麦、挪威、英国和丹麦与俄罗斯合资、挪威与英国合资的电报公司合并，协力建设连通彼得大帝湾至长崎、长崎至上海、上海经厦门至香港的电缆（已于 1872 年竣工）。

1899 年秋，中国爆发义和团运动。由于中国国内局势动荡，当时止于吴淞的英国电报公司的电缆必须向北延伸。英国政府与大东电报公司接洽，希望能在烟台—威海卫地区铺设电缆，但大东电报公司表示，中国电报局已要求其将电缆建设布置到烟台—大沽一带。根据中国电报局和大北电报公司及大东电报公司之间的谈判结果，这两家公司完全控制了上海、烟台和大沽之间的通讯电缆建设，并且有权铺设从烟台至威海卫，从旅顺港到胶州的分支电缆，以满足英、俄、德等各国政府的需求。

太平洋商务电报公司（The Commercial Pacific Cable Company）[1]分别于1902年、1903年、1906年铺设了水线，这是今天跨太平洋电报系统的前身。1905年，荷德电报线缆由荷兰政府和德国政府合资铺设，将中国电报系统与荷属东印度电缆系统及太平洋商务电报公司在关岛的电报系统连接了起来。

中国电报局成立于1881年12月24日，当天上海至天津的电报线路正式开通。在此之前，上海至吴淞和天津至大沽两条短线也已由中外合作建设完毕。自1882年开始，电报系统在长江流域发展起来，先是从上海到镇江和南京，1884年又延伸到汉口。Wahop公司是成立于1882年5月的私人电报公司，它铺设了从广州到九龙的电报线路，并于1884年1月将香港纳入这个电报系统。1884年8月，北平与天津间开通电报线路。同年10月，中国政府铺设的广州至上海的电报线路开通，几乎是同时，上海—天津线延伸至山海关和保定府，天津到烟台和青岛的分支线路也相继开通。1897年，从恰克图穿越蒙古至北平的线路开通。由此，中国开始能够与欧洲进行陆线电报通讯。

伴随着中国电报基础设施的发展，路透社在中国壮大起来。几年内，路透社的特派记者已基本入驻中国主要的电报枢纽城市，包括上海、汉口、南京、天津、北平、广州、香港、奉天、威海卫、烟台、成都、云南府、青岛和福州。据路透社总裁钟斯公爵透露，

---

① 1902年12月14日，美国太平洋商务电报公司（The Commercial Pacific Cable Company）铺设第一条太平洋电报电缆，从旧金山到火奴鲁鲁；1903年6月2日，太平洋商务电报公司的马尼拉—上海电报水线铺设完成，在宝山县镜海门外借用大东公司水线房登陆，通达上海该公司报房，拍发国际电报。太平洋战争爆发后，太平洋商务电报公司停业。——译注

七年前他在北平时，当时的国务院总理颜惠庆[1]告诉他，路透社的新闻报道在中国有很高的声誉，他指派去整理中国清末民初官方历史事件的历史学家在记述国际事务时就是以路透社新闻为主要依据的，而这些新闻报道的全部文档在北平的国家档案馆已经保存了四十年。

钟斯抵达上海前不久，远东地区最为重要的上海棉花交易所甚至由于电报断线而暂停交易一整天，只因为路透社的棉花交易建议无法及时从海外送达。由于无法根据一贯的标准对照自己的交易情况，二十四小时内，棉花商都拒绝交易。在长达半个世纪的时间里，东方尤其是远东地区，路透社几乎是唯一的新闻来源。而最近这几年，路透社在商业咨询服务方面也独占鳌头。

① 颜惠庆（1877—1950），字骏人，祖籍福建厦门，出生于上海，清末民初外交家。曾任北洋政府总理。早年毕业于上海同文馆，后去美国弗吉尼亚大学留学。回国后曾任圣约翰大学英文教授，商务印书馆编辑，清朝驻美使馆参赞。1909 年任外交部股长。1910 年兼清华大学总办。1912 年 4 月被黎元洪委任为北洋政府外交次长。1913 年 1 月出任驻德国公使，后调任丹麦、瑞典等国公使。1919 年任中国出席巴黎和会代表团顾问。1920 年 8 月，任北京政府外交总长。1922 年辞去外交总长职务，改任内务总长等职。1926 年春，曾任国务总理并摄行总统职务。1927 年移居天津，任天津大陆银行董事长、自来水公司董事长等职。南京政府成立后，先后任驻英大使、驻苏大使，出席国际联盟大会任首席代表。抗日战争爆发后，在上海从事慈善和教育事业。1949 年 2 月，为反对蒋介石继续内战，和章士钊、邵力子、江庸等以私人身份到北平、石家庄与中国共产党商谈和平。上海解放后，主持上海临时救济委员会及中苏友好协会筹备等工作。同时，应邀参加中国人民政治协商会议第一届全体会议。中华人民共和国成立后，历任华东军政委员会副主席、中央人民政府政治法律委员会委员等职。1950 年 5 月在上海病逝。——译注

路透社商务部经理莫尔（W. R. Mowell）

来源：《字林西报》1930 年 12 月

路透社提供的商业服务也许会让人们想起，一百年前朱丽斯·路透男爵在伦敦创立路透社时，其服务的对象主要是伦敦证券交易所等金融机构，路透社专门为这些机构提供或传播有价值的信息。路透社创立几年后，路透男爵才决定将业务集中到新闻传播上来，这一举动为路透社后来的举世闻名奠定了基础。而在当时，电话闻所未闻，收音机尚未发明，甚至连电报都是罕见物。

19 世纪中叶，电报是一项非常昂贵的技术，只有财力雄厚的大型机构才用得起。因此，路透社由于具有良好的商业操守，在其他任何市场都无实质利益，并提供商业信息，因此它深受各商业机构和金融机构的欢迎。随着电报线路在世界各国的延伸，路透社也在不断发展。

当大东电报公司的海底电缆铺设到上海时，路透社的业务也自然而然地延伸到中国。伦敦的大条银块，利物浦、纽约和新奥尔良的棉花，伦敦、里昂和纽约的丝绸，以及全球金属市场的市价，只要需要，都可以在十二个小时内通报到上海、香港或远东其他任何贸易中心。由于客户的需要越来越多，商业情报被纳入路透社的业务。

战争刚一结束，为了满足中国客户及时获得战后通胀和紧随其后的通缩的信息，同时由于人们普遍认识到商业和世界市场的前所未有的内在紧密联系，路透社的商业服务呈爆炸性增长趋势。路透社商业服务的扩展使得上海能够获悉世界上大量城市或地区前一天的商业交易情况，其中包括伦敦、利物浦、纽约、芝加哥、温尼伯、新奥尔良、孟买、加尔各答、新加坡、爪哇和日本等，这里只列举了一小部分提供信息的市场。

同时，为了与中国最大的市场保持同步，路透社最近新增了股票行情收报服务，将瞬息万变的市场波动及时传到客户的办公室。这不仅包括世界市场整体交易情况，还包括上海当地的金条、外汇、债券、股票和棉花交易情况。

在过去十一年中，威廉·特纳[①]先生担任路透社远东分社社长。特纳负责路透社在日本、中国内地、中国香港、马六甲海峡和巴达维亚（雅加达）的业务。特纳先生十六年前开始在路透社伦敦总社编辑部工作，一年以后他就被指派为自治领部部长。在这个必须夜

① 特纳先生十二月将回到伦敦路透社总部。C. J·查斯勒（C. J. Chancellor）已于八月从伦敦来到上海，担任总经理助理工作。查斯勒或许会继特纳之后成为路透社远东分社社长。

以继日地工作的部门，他负责澳大利亚、加拿大、南非以及远东的新闻业务。后来，由于英国政府在战时的一项安排，自治领部接管了帝国有线新闻社在英国自治领的业务，这使得特纳先生的位置更加重要。战争期间，特纳先生两度参军，但当局认为他在新闻社的职位更加重要，于是将其调离军队。特纳先生还曾被路透社派去参加巴黎和会。值得一提的是，特纳先生是第一个为路透社、为英国，也为全世界报道德国在和平条约上签字的记者。其实，直到在凡尔赛宫签订和平条约那一天，世人仍在怀疑德国是否会签字，这条新闻的重要性不言而喻。现在举世皆知，德国人真的签字了。

路透社这条轰动的“独家新闻”是记者不懈努力和伦敦与凡尔赛之间紧密的电话联络系统这两者共同作用的结果。特纳同时也负责在巴黎以路透社的名义向除北美以外的世界各地发布《巴黎和约》概要。这份概要大约有 16 000 字。特纳出席了向德国方面陈述合约内容的会议和凡尔赛的签字仪式。

在 1920 年和 1925 年，特纳作为英国代表团的成员出席分别在加拿大和墨尔本举行的帝国新闻发布会。1929 年，他作为英国代表出席在日本京都举行的太平洋国家关系研究所大会。

《字林西报》无疑是中国历史上最古老且最有影响力的英国报纸之一。该报创立于 1864 年，前身为 1850 年创刊的《北华捷报》（*North China Herald*）周刊。上海是《字林西报》的发行地，这个国际大都市有大约 300 万人口，来自世界各地，说上海是国际结算和法租界的中心毫不为过。在上海，主要的通用外语是英语，其他国家的人发现，为了使其日常社交和商业事务顺利进行，学会说英语和读英语是很有必要的。另外，在人口众多的中国人当中，受过良好教育的最核心的那部分人要么在国内学习过英语，要么到英美留过学。这就为外语日报《字林西报》提供了生存空间。1937 年 2 月，《字林西报》的日发行量达到 7 817 份，其中不包括免费和优惠的。上海地区的销售量估计达到 6 663 份，而其他地区的仅 1 154 份。与此同时，中央政府在民国首都官方发行的中文报纸《中央日报》的日发行量也不超过 10 000 份，相比之下，《字林西报》每天接近 8 000 份的发行量几乎让人难以置信。

《字林西报》的影响毋庸置疑。它的主要读者是受过良好教育的商人和专业人士，其中的中国读者也是天赋颖慧且颇有教养的。总而言之，《字林西报》读者的受教育程度比起任何其他中外畅销报纸的读者来说都要高一个层次。

《字林西报》记者专栏刊登的信件可能比中国任何一家报纸都要多。除了自己的新闻报道机构之外，路透社还拥有几个较大的新闻机构，包括英国、美国、法国、德国和意大利各分社。该报刊有专家对于世界时事的分析专栏，还有体育新闻专栏。以专栏刊登外来信件一度成为《字林西报》的特色。这个专栏里还不时有记者、员工及其他人士的特别来信，并且这些来信常常包含独到的见解。《字林西报》财经版由一位金融编辑负责，伦敦和纽约方面通过电报或邮件服务全力支持该编辑。

由于上海公众对美国新闻的关注度增加，《字林西报》从 1930 年开始以每月 1 000 两银子的佣金从美国新闻机构合众社购买新闻。

这份报纸不仅深受在华外籍人士欢迎，而且受到一些中国官员的关注。南京政府 1929 年颁布的禁邮令在很大程度上是由该报驻北平记者甘露德（Rodney Yonkers Gilbert）① 和新上任编辑索克思（George E. Sokolsky）② 所撰写的文章而引发的。甘露德曾出版《中国之乱源》（*What's Wrong with China*），并于 1928 年夏撰文称吴佩孚将率领大军进驻北平，但当时吴佩孚正在四川学习佛教，其率领的

---

① 甘露德（Rodney Yonkers Gilbert，1889—1968），美国人，曾任驻华记者。——译注
② 索克思（George Ephraim Sokolsky，1893—1963），美国人，曾来华办报。——译注

"军队"不过是20个马夫。关于甘露德的舆论一时此起彼伏，毁誉参半。不久，一位名不见经传的记者以《中国之国是》(*What's Right with China*) 针锋相对。多年以前，甘露德曾是旧金山报纸《晨钟呼》(*Morning Call*) 的记者。他从旧金山搬到火奴鲁鲁，然后又到了横滨，最后来到上海。在上海他一度找不到报社的工作。甘露德的故事简直就是一个传奇，在上海的失意让他发现了自己内心旅行的渴求，于是他靠向当地人兜售美国药品为生，一路从上海前往北平。在路上他学会了汉语，并且积累了大量中国内地风土人情的知识，后来这些都成为他为《字林西报》撰稿的素材。《字林西报》现任编辑是埃德文·哈瓦德 (Edwin Haward)。

哈瓦德担任编辑之后，《字林西报》停止了对中央政府的吹毛求疵，转而对中央政府的任何建设计划都采取苟同的态度，这遭到了报纸订阅者的猛烈批评。哈瓦德在最近的一篇短评中表示，希望英国驻华公使迈尔斯·兰普森 (Miles Lampson) 公爵能与中央政府外交部部长王正廷达成一项令人满意的协定，废除英国国民迄今为止在中国享有的治外法权特权。一位读者在来信中表示对"在过去那些日子里你们所刊出的包含着丰富而杰出的思想和谋虑的文章"表示哀悼。另外一位读者用"吉尔伯特式"的口吻对该报当时盛行的谄媚作风评论道：

我们曾经的愿想整夜留存——那些精打细算的社论——他绞尽脑汁——反对治外法权——但是许多人却期望——没有治外法权庇护的中国通——但我们的剥削者说得如此正确——无人可以镇定地面对——所以且让我们大声歌唱：法拉，法拉拉拉！法拉拉拉——剥削者和中国通们——法拉拉拉拉拉——永不会放弃斗争——为了保留治外法权——永不会放弃斗争——为了保留治外法权——永不会放弃斗争——为了保留治外法权——法拉拉拉！法拉拉拉——保留治外法权——保留，法拉，法拉拉！

——向亚瑟·沙利文公爵（Arthur Sullivan）和吉尔伯特（W. S. Gilbert）合作的歌剧《艾俄兰斯》及剧中的角色“哨兵”表示诚挚的歉意。

近日，一位美国前驻华记者将《京津泰晤士报》（*Peking & Tientsin Times*）描述为外国人在华北生活的“圣经”。

《京津泰晤士报》的所有者为天津印刷公司。1894 年，天津印刷公司并购了《中国时报》（*China Times*）周刊的印刷厂。同时，它又收购了《京津泰晤士报》。该报初为周刊，几年后改为日报。

《中国时报》是天津第一份外文报纸，于 1886 年 11 月创刊。其主笔是当时中国外文报纸编辑界泰斗之一——梅基（Alexander Michie）。梅基曾出版几本在当时被奉为经典的书籍，其中包括《在华之英人》（*The Englishman in China*）（分上下两册）。雷穆生（Rasmussen）在其编写的《天津小史》中称，梅基的编辑评论闪耀着智慧的光芒，“《中国时报》的社评，斐然合度，立论公允精当，虽然篇幅有限，但可说是远东方面最好的报纸之一”。许多著名的外国权威都曾参与该报的日常编辑工作，例如丁韪良（W. A. P. Martin）[①]、庆丕（Paul Henry King）女士[②]、殷约翰（John Innocent）[③]、亚瑟·史密

① 丁韪良（William Alexander Parsons Martin，1827—1916），字冠西，美国传教士。受美国长老会海外差会（Board of Foreign Missions of the Presbyterian Church in the United States）派遣来中国宁波传教。1850—1860 年，返回美国，1862 年 8 月再次来到中国，在上海传教一年，后迁至北京。代表作有《天道溯原》、《万国公法》、《官话约翰福音书》等。——译注

② 庆丕（Paul Henry King，1853—1938），英国人，曾任驻华海关官员。——译注

③ 殷约翰（John Innocent，1829—1904），英国传教士。1860 年 3 月 23 日，受英国新教派循道会（New Connection Methodist Missionary Society in England）派遣，偕夫人来到上海。1861 年 5 月中旬迁居天津。——译注

斯（Arthur Smith）博士、李提摩太（Timothy Richard）博士[①]、朱迩典（John Newell Jordan）[②]、丁家立（Charles D. Tenney）博士[③]、布兰德（J. O. P. Bland）先生和甘淋（Candlin）博士[④]。同时，该公司还发行了一份中文日报，该报在天津创办，名为《时报》（*Shih Pao*），大约两年间一直由李提摩太博士负责。《中国时报》则刊载诸多中文新闻的英译版、帝国政令以及其他消息，这是《中国时报》最具价值的地方。1891 年，《中国时报》随梅基退休而停办，但它的印刷厂后来由新公司接管，并于 1894 年开始出版《京津泰晤士报》。

世界大战爆发后不久，伍德海德（H. G. W. Woodhead）[⑤] 接管《京津泰晤士报》。在此期间，《京津泰晤士报》的影响力大增。伍德海德在中外时事的新闻编辑中采取一种充满活力的政策，他主张保留编辑原有的话语和立场。1930 年 10 月，他退出《京津泰晤士报》，该报由潘纳禄接管。在《京津泰晤士报》工作的 16 年里，潘纳禄曾担任伍德海德的助手长达 14 年之久。当时伍德海德是主编，而潘纳禄则于 1912 年从英国来到远东，担任《香港每日新闻》（*Hongkong Daily Press*）的编辑。

---

① 李提摩太（Timothy Richard，1845—1919），字善岳，英国传教士。1869 年，受英国浸信传道会（General Baptist Missionary Society）派遣来华，先后在山东、山西传教；1890 年到天津任《时报》主笔，鼓吹维新变法。1891 年任上海同文书会总干事，后又任广学会总干事。与李鸿章、张之洞来往密切，与康有为、梁启超亦有联系，戊戌变法失败后曾协助康有为出走。曾请求美国出面干涉义和团运动，义和团失败后曾提出组织中外人员各半的联合内阁。李提摩太利用庚子赔款在晋创办山西大学。1916 年回英国，1919 年死于伦敦。著有《救世教益》、《留华四十五年》等。——译注

② 朱迩典（John Newell Jordan，1852—1925），英国外交官，曾任驻华公使。——译注

③ 丁家立（Charles Daniel Tenney，1857—1930），美国来华传教士，曾任驻华外交官。——译注

④ 甘淋（George Thomas Candlin，1853—1924），英国来华传教士、神学教授。——译注

⑤ 伍德海德（Henry George Wandesforde Woodhead，1883—1959），英国驻华记者。——译注

关于外国新闻在中国的出版状况，尤其是与《京津泰晤士报》有关的编辑方针，潘纳禄有此评论：

外国的新闻出版，尤其是英国，已经在中国形成了一种来自西方的强大力量。这种力量承担了引领中国现代化和将中国带入世界政治经济秩序的任务。政策受到革命力量的影响，在建设和破坏两者之间摇摆。报刊处理每天的新闻报道必须从争议的角度而非历史的精神出发，但尽管如此，报刊文章始终有意无意地响应了现代化的最终要求。报上的批评尽管一如既往地激起众多义愤，却颇具价值。此时，中国新闻出版业仍然幼小稚嫩，无法综观西方文明给中国带来的巨大影响和变化，因此它在当下对和平与秩序的呼唤以及彻底重建和变革的最终目标之间踉跄前进。但在日常新闻报道中这两者不可避免会产生冲突。一般来说，外文报纸都会支持看上去最符合潮流的观点，而对于被政坛贴上反动保守等标签的观点便会嗤之以鼻。自始至终，外国新闻出版在广义上的任务就是西学东渐的媒介，并且借西方的评判标准来深化社会变革。直至今日，外文报纸仍发挥着这种作用，尽管现在这种自由的行使可能比过去要谨慎得多，但比起中国出版物，它仍然拥有一种更加强势且有力的话语方式。

《京津泰晤士报》的巨大影响举不胜举，在此列出以下六条供参考：

（1）强烈反对臭名昭著的“二十一条”；

（2）刊载题为“中国之改造”的系列长文，希望引导中国以平等的身份步入现代国家的行列；

（3）支持中国要回山东；

（4）反对鸦片贸易，1919 年刊登在中国北方从事鸦片贸易的黑名单，引起国际震动；

（5）刊载一系列文章强烈要求废除英日联盟；

（6）反对武器走私，反对侵犯人权和尊严并在许多事件中维护中国人的人权和尊严，反对军阀统治与割据，反对以武力作为解决中国国内问题的唯一途径，认为武力是自杀式分裂行为和极端主义的温床。

尽管《京津泰晤士报》的实际发行量不得而知，但它的影响力无疑远远超过了其发行量。许多上流社会的中国人都是《京津泰晤士报》的读者。在长江以北，它几乎是无处不见，而且它在国外的发行量是近现代时期所有在华英文报纸中最大的。

《京津泰晤士报》受到众多广告主追捧，尤以英美制造商为盛，其他还包括船运公司、银行以及一些本地企业。

在中国发行时间最长的英国报纸要数香港的《德臣报》（*The China Mail*）。《德臣报》创办于 1845 年。在香港割据给英国四年之后的大约七年间，《德臣报》周报一直作为政府喉舌发行。然而，这并未阻止《德臣报》对香港当局的自由批判，乃至当局不得不于 1853 年新发行一份周报《香港政府公报》（*Gazette*）。创办于 1853 年的晨报《孖剌报》（*The Daily Press*）是香港殖民地第一份日报。此后不久，《德臣报》也改为每日发行。晚报《香港电讯报》（*Hongkong Telegraph*）于 1881 年创办，很快成为罗伯特·弗雷泽·史密斯（Robert Frazer Smith）的阵营。史密斯先生是殖民地最无畏的编辑之一。1903 年，《南华早报》（*South China Morning Post*）创刊。《香港星期日先驱报》（*Hongkong Sunday Herald*）创办于 1924 年，与《德臣报》联合发行。《德臣报》和《孖剌报》都发行每周特刊。殖民地的新闻出版也曾经历混乱嘈杂的时代，但一番斗争后终于回归冷静客观。在殖民地出版业刚刚兴起那段时间，报刊一度充满了过激的言论，不少编辑因为观点激进而被捕入狱。

辛普森（Clare Lenox Simpson）[①] 先生享有“中国唯一的经手了英国公使和中国外交司之间好几次颇受关注的沟通往来的英籍记者”的名声。辛普森在新闻界的名声相当于图书界的帕特南·威尔（Putnam Weale）。他是在中国出生的英国人，曾经营在北平出版的《远东时报》（*Far Eastern Times*）。辛普森曾是东三省统帅张作霖的支持者。他著书记载中国的生活、民俗和政治，包括学术文章和小说。借着工作的便利，他收集了许多撰写《中国与红祸》（*When China Sees Red*）的资料，并在加拉罕（Leo Mikhailovich Karakhan）[②] 率苏俄外交代表团来华期间出版。一年之前，他在天津海关被阎锡山抓捕，结果另一位控制中国政府内阁和财政的英国人不得不飞赴天津海关进行交涉。中国外交部立即强硬重申中国政府希望驱逐辛普森的态度，并不顾英国公使的反对，下令逮捕辛普森。北方的叛乱平息后，天津海关仍然面对着复杂的情况。辛普森前往奉天与张学良将军会面，同时有消息传出，东三省统帅将要求保护辛普森的居留权和在天津的职位。去年十月，辛普森在天津被三名刺客暗杀身亡，这突如其来的戏剧性变化结束了辛普森传奇的一生。

1923 年创立于北平的《远东时报》（*Far Eastern Times*）是一张流行一时的双语报纸，一度成为《北京导报》（*Peking Leader*）和《北京每日新闻》（*Peking Daily News*）的强劲对手。1928 年，随着奉系军阀倒台，《远东时报》停办。该报中文主编宋廷良[③]于 1921 年创办学生报纸《北京快报》（*Peking Express*）。几年后，他因宣称信仰共产主义在广州被捕，随后被处决。

---

① 辛普森（Clare Lenox Simpson，1843—1909），英国人，曾任中国海关官员。——译注

② 加拉罕（Lev Mikhailovich Karakhan，1889—1937），原苏联外交官，曾与北洋政府签订《中苏解决悬案大纲协定》，后任首任驻华大使。原书 Leo 为拼写错误，应该为 Lev。——译注

③ 音译自 T. L. Sung。——译注

《上海时报》(*Shanghai Times*)由阿尔弗雷德·摩利(Alfred Morley)主编，同时他还负责《香港电讯报》和《南华早报》的编辑工作。尽管未经证实，中国新闻业界普遍认为，《上海时报》是为日本商业利益服务的。该报新上任的编辑摩利先生之前曾在香港居留16年。他的新闻生涯开端是从英国最早的地方报纸之一——《信使报》(*Mercury*)开始的。1915年，摩利来到香港，担任《香港电讯报》记者。世界大战后，他被指定为该报经理。在希克斯(H. Hicks)先生离任后，他顺理成章地成为主编。《香港电讯报》和《南华早报》合并后，摩利身兼两职，既担任报纸编辑，又辅助总经理工作。

部分英国报纸在中国有自己的通讯员。《新闻纪事报》(*News-Chronicle*)有贝多女士(L. T. Beddow)，《每日电讯报》(*Daily Telegraph*)有哥尔门和芬奇(Finch)，《晨报》(*Morning Post*)和《每日邮报》(*Daily Mail*)有易恩培(L. Impey)[1]，《曼彻斯特卫报》(*Manchester Guardian*)、《墨尔本先锋报》(*Melbourne Herald*)和《悉尼太阳报》(*Sydney Sun*)有田伯烈(H. J. Timperley)[2]，《泰晤士报》(*Times*)有大卫·弗雷泽(David Frazer)和麦克唐纳(C. M. McDonald)。

① 易恩培(Lawrence Impey，1892—?)，英国驻华记者、工程师。——译注

② 田伯烈(Harold John Timperley，1898—?)，澳大利亚驻华记者。——译注

田伯烈先生（H. J. Timperley）

《金融商报》（*Finance & Commerce*）是一份具有高度责任感且内容精辟的金融商业周刊。该刊资讯翔实，在金融界和商业界广受好评，在中国尤其如此，每周都有海内外读者订阅《金融商报》。该报管理层有主管特纳（W. Turner），编辑戴维（F. R. Davey）、迈耶（V. Meyer）、耿爱德（E. Kann）[1]、霍金斯（W. J. Hawkings），以及曾任《香港每日新闻》（*Hongkong Daily Press*）编辑的布雷克斯比尔

① 耿爱德（Eduard Kann，1880—1962），奥地利银行家，曾在华经商、办报。——译注

(O. T. Breakspear)。

中国和欧洲之间的航空邮件和客运往来揭开了欧亚交流的重要一页。

在过去四年中，德国汉莎航空代表曾与中国政府商议关于建立中国与欧洲主要首都城市之间航线的问题。1931 年初，中德欧亚航空公司正式创立。中国交通部次长韦以黻先生被选为公司的理事长，汉莎航空代表施密特（Herr Schmidt）先生被选为航空长。四台容克飞机被引入中国，特别用于计划好的新航线。1931 年 3 月，中德航空公司进行了从上海到满洲里的试飞。然而，因为与苏维埃政权在满洲里和伊尔库茨克问题上存在分歧，南京—柏林直航线路的开辟被迫延迟。直至目前，苏联政府只在莫斯科和伊尔库茨克之间有定期航班。要开辟南京—柏林航线，就需要苏联延长航线至满洲里。

从南京到满洲里的飞行需要 24 小时。从上海发出的邮件在一周内便可到达欧洲各大首都。5 月 9 日早晨，《伦敦泰晤士报》（*London Times*）刊载一封 4 月 24 日发自上海的信件，《字林西报》编辑埃德文·哈瓦德在信中说："这是你们收到的第一封来自上海的航空邮件。"

这封信用了不到两周的时间就抵达了伦敦，其交通工具仅是一架试飞的飞机。而此时甚至连满洲里和伊尔库茨克之间航线的问题都还没有得到妥善解决。

第四章　美国在华的新闻事业

过去的几个月中，美国报业在中国迅速发展，严重威胁到英国报纸和新闻机构此前在中国的优势地位。这一点在上海体现得尤为明显。在上海，美国合众社为了同英国路透社一争高低，它提供的新闻服务成本已经超过其所获得的商业利益。此外，美国的《大美晚报》最近还收购了中国历史最悠久的英语新闻晚报《文汇报》，而这份报纸之前属于英国财团。

《文汇报》的消失，使得后来的《大美晚报》在晚报界无报可敌。《文汇报》的历史可以追溯到中国沿海的第一份报纸《上海通信》（*Shanghai News Letter*），它也许是美国在华出版的第一份报纸。

《上海通信》创办于1867年，1869年出版最后一期，之后便被收购，更名为《上海差报》（*Shanghai Courier*）。《上海通信》起初由美国人约翰·索恩（John Thorne）和霍华德·通布利（Howard Twombly）创办。索恩当时作为富国银行的代理人来到中国，在上海和广州工作了几年。人们对于通布利在中国的活动知之甚少，但他回到美国后成为穆迪的同事兼得力助手，穆迪是著名的"穆迪和桑基的圣歌"（Moody and Sankey's hymn book）[①] 的作者。《上海通信》原计划每月15号出版，主要关注航运事业。而事实上，通常只要有美国的船只抵达中国，他们就会在随后的几天内出版一份报纸，很有意思的是，其内容是罗列早期登陆中国沿海地区的美国人的名单。

---

① "穆迪和桑基的圣歌"（Moody and Sankey's hymn book）指的是由 Ira David Sankey 和 Dwight L. Moody 合作完成的圣歌合集，该合集在欧美一度家喻户晓，甚为流行。——译注

由于在船只到达几天后出版，所以该报的发行并没有规律。有时候一个月出版三期，而之后他们又可能会停刊一个月。除了刊登乘客名单外，该报还报道美国捕鲸船到达后的一些趣事，上海港那时候会停靠这类船只。《上海通信》之后更名为《上海通信晚报》(*Shanghai Evening Courier*)①，后来又被《文汇报》收购。

《大美晚报》曾用名是《新闻晚报》(*Evening News*)，始办于1918年，由国民政府外交部长陈友仁在武汉创办，创刊名为《上海公报》(*Shanghai Gazette*)。1926年，陈友仁活跃的外交手段成为当时国民政府的显著特征。已故国民党领袖孙中山先生曾建议在中国的主要城市创办系列的英语报纸，《新闻晚报》起初也是其中之一。这份报纸前后多次转手，经手者既有中国人，也有外国人，直至1928年4月成为美国报业公司的财产。这家公司成立的宗旨就是"收购报纸，将之变为独立的刊物，没有任何宣传目的，不为任何政策服务，唯一的准则就是提供准确公正的信息，舆论观点只安排在社论版"。

美亚保险公司的创始人施德（Cornelius Vander Starr）是美国报业公司的总裁，但他与《大美晚报》的关系疏远。在聘用萨克雷担任总编和经理后，施德就让他全权负责报纸的经营。

据萨克雷先生说，该报的编辑政策是：

决不干涉中国的事务，以真实、公正的方式向外国读者报道新

① 《上海通信晚报》(1868—1875)(*Shanghai Evening Courier*)创刊于清同治六年(1867年)九月以后，原名《上海通信》，何时改名不详。该报由英人休兰主笔，4开4版铜版纸印刷。一版刊登中外商行的广告、海关布告、邮政公告；二版是中外各类消息，新闻简报和社会新闻；三版为中英文对照的商务广告；四版刊登船期公告。刊登广告多数为国外商品。为了与《字林西报》竞争，该报特别注重中国国内新闻的报道，聘用一批华人记者，同时在中国各大城市派驻通讯员，建立了一个较完善的通讯报道网。报纸评论多数为休兰执笔，文章通畅生动，富有哲理性。清光绪元年(1875年)，休兰去世，因无继承人，该报被拍卖，由柯春洋行主办的《西风日报》收购。——译注

闻事件。尽管存在局限性，在允许的情况下，该报致力于做中西方交流的中介，促进中西方和中西人民之间的相互了解与友谊。

本报的观点是包容的、友善的，但对于涉及中美关系的问题立场坚定；本报致力于消除一切阻碍中美两国友好交流的错误和人为的阻碍；报道所见事实真相，不畏惧、不偏袒，同时也能容忍与本报意见不一的观点。

在任何问题上，或者报道中涉及任何社会福利的问题时，无论与本报的立场是否一致，只要是富有智慧的舆论，本报随时都表示欢迎。

本报理解自己在中国是客人，并以客人的准则行事；不偏离任何原则；不在鸡毛蒜皮的小事上反复纠缠和唠叨。

除了合众社之外，国民社、越洋社和其他通讯社或报社都会用整整三个版面来报道财经新闻，还有伍德海德名为“今日个人观点”的专栏。伍德海德与《大美晚报》之间还有一段趣事。《文汇晚报》还存在的时候，在上海曾流传一篇报道，说上海一家名为“米林顿氏”（Messrs. Millington）的英国广告公司已经收购了东方社。这家广告公司借着英国某个实力雄厚的财团支持，打算接管《文汇晚报》的经营权，并且让《京津泰晤士报》的前任编辑伍德海德担任新报纸的编辑。这篇报道一传到美国报业公司的办公室，该公司就立刻着手收购《文汇晚报》，并且聘请伍德海德担任专栏作家。1931 年 3 月，这位英国作家每天都在专栏里详细地披露中国的鸦片运输，在上海轰动一时。这些文章涉及不同省份的情况，也会涉及上海的具体情况，并提供上海鸦片贩子的姓名和地址。该作者声称，每天都有成百上千袋鸦片运往上海，并且可以买到这些鸦片。由于伍德海德是英国顽固派的代表，中国人并不喜欢他，这样，一些中国公司担心背上对抗南京政府的嫌疑而不敢在《大美晚报》上刊登广告。

《大美晚报》还有另外一位专栏作家萧峰索。他接受过美国教育，专栏名为“中国人的视角”，每天都会对中国的一些事情发表评论。《大美晚报》还有专门的版面报道体育、戏剧、女性时尚和购物。在其漫画版块还刊登由里普利（Ripley）和“早熟的淘哥儿”（precocious skippy）创作的世界著名的“信不信由你”（believe it or not）。此外，该专栏每周还会出版一次建筑增刊，以记录有关上海新兴产业——建筑贸易业的新闻。

在《新闻晚报》刚被收购并更名为《大美晚报》时，日发行量只有300份，在新管理层的经营下，报纸销量快速增长，仅用两年的时间便成为中国晚报界的领军报纸。后来，《大美晚报》又收购了《文汇报》，每天的纯发行量达到4 000份，如今已经达到每天4 800份。上海本地的订阅费，按照当地的货币来算是每年15元，外埠是每年20元，海外读者则是每年40元。《大美晚报》的读者分布在上海市区、公共租界、法租界，以及整个大上海地区。4 000余名读者中有90%都在上述区域。该报主要流行于上海地区，但在南京也有售，甚至远销到南方的香港以及北方的奉天。

该报的编辑萨克雷曾任美国斯克里普斯·霍华德新闻社（Scripps-Howard Newspapers）的执行总编，他于1930年9月开始担任《大美晚报》的编辑。该报主编是一位在中国出生的德国人梅尔（A. L. Meyer）。拥有丰富报刊从业经验的芭芭拉·米勒（Barbara Miller）小姐主编该报的女性版面。

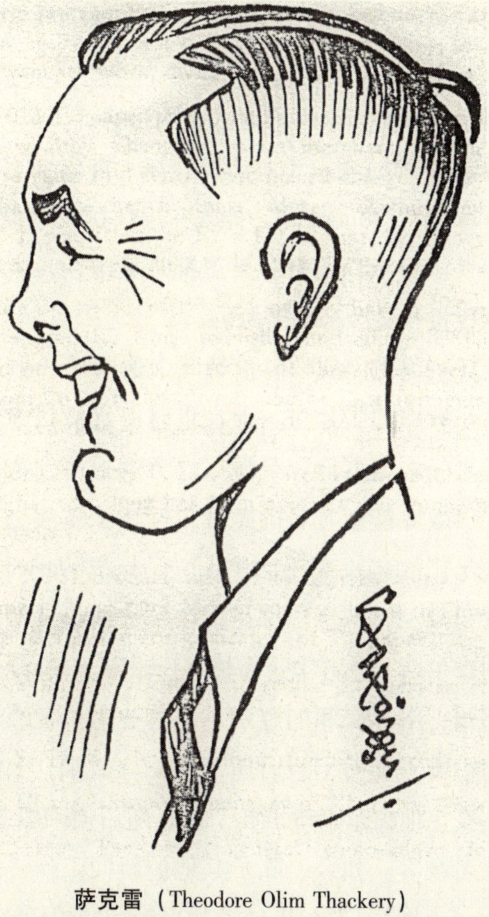

萨克雷（Theodore Olim Thackery）

“T. O. T”—— 他虽然是初次来上海，但可谓报业老手了。在主持《大美晚报》期间，他也有很多新锐思想。他倡导言论自由，推崇开放的思想。不坐办公室的时候，他也是名网球健将。他还有个在上幼儿园的很有想法的小女儿。

1930 年期间，《大美晚报》增加了 104 732 栏寸①的广告。1931 年 1 月，广告比去年同期增加了 14 502 栏寸。

目前，《大美晚报》正处在繁荣期。它是上海唯一的英语晚报，

① 栏寸（column inch），报纸上刊登广告的尺寸。——译注

并且是上海地区第二大外语报纸。尽管美国报纸赢得了晚报界，却失去了上海唯一的美国早报。《大陆报》（*China Press*）于1931年2月被一家中国企业收购，报道称这次收购花费了260 000两白银。

1911年辛亥革命时期，《大陆报》在上海创刊。该报第一任主编是密勒（Thomas F. Millard）①，他现在担任国民政府的顾问。《大陆报》是一份美国报纸，编辑和员工都是美国人，大部分成员都是从日本、火奴鲁鲁和美国来到上海的。

密勒的继任主编是已故的赫伯特·韦伯（Herbert Webb）。韦伯曾在得克萨斯州和纽约工作过。他在世时一直被认为是中国最能干的报业管理者之一。当韦伯和上海市议会就上海的情况难以达成一致时，在公共出版界赫赫有名的鲍威尔接任了主编之位。鲍威尔把《大陆报》交给了之前在《旧金山报》（*San Francisco Chronicle*）工作的拉瓦尔（Charles Laval）。拉瓦尔在《大陆报》的一个老同事就是足智多谋的查尔斯·爱德华·霍格（Charles Edward Hogue），此人曾在亚利桑那州、洛杉矶和旧金山工作过。韦伯曾经说过，霍格是他认识的人当中唯一能对上级言听计从的。后来，上海的生活让霍格感到十分不安，他去东京待了几个月，随后便乘船去了火奴鲁鲁，成为当地的一名政客。如今，除了其他的新闻工作，他还在夏威夷拥有一份名为《本周》（*This Week*）的报纸，并担任该报的主编。

1918年，《大陆报》又被上海鸦片富商爱德华·艾兹拉（Edward Ezra）收购。在爱德华死后，他的妻子艾兹拉夫人接管了这份报纸，并把经营管理权交给了她的两个弟兄亚瑟（Arthurs）和西奥多·索菲（Theodore Sopher）先生。中国的一家企业在1930年秋天从艾兹拉夫人手中收购了《大陆报》。

在报纸新的所有者公布之前，《大陆报》总经理、天津《云报》

---

① 密勒（Thomas Franklin Millard，1868—1942），美国新闻工作者，曾在华办报、从政。——译注

出版商和编辑邓传楷公布了董事会成员。董事会由四名中国人和四名外国人组成。他们是：上海著名的美国律师昌西·P. 霍尔库姆（Chauncey P. Holcomb）少校，他一直以来担任报纸的法律顾问；张学良将军的顾问瑞德（W. H. Donald）①，他曾经是《纽约先驱报》驻中国记者，在《大陆报》的重组中发挥了积极作用；眼镜商威廉·T. 芬利（William T. Findley）博士，他是位优秀的美国公民；著名的医师马什（E. L. Marsh）博士；上海《申报》的经理昌平君；怡和控股有限公司的总买办潘全泽；上海著名商人杨伟平；中国北方著名的新闻活动家邓传楷。霍尔库姆少校担任董事长。

邓传楷接管《大陆报》的社论专栏后打算出版一份严格按照美国记者规则编辑的报纸。该报在美国特拉华州注册，名为中国报业公司，其控股公司凭在美国的注册继续运营。据报道，这家新公司正计划在上海市区建立永久性的总部，入驻所有的部门。

《大陆报》除了从路透社、国民社和越洋社定期获得新闻服务外，还能从申时电讯社（Shen Shih Telegraph News Agency）获得独家的新闻信息。这家电讯社是近期由《申报》和《时事新报》（*Shih Shih Hsin Pao*）共同组办的。目前，该社不向中国提供新闻服务。《时事新报》把全国各地记者发来的消息发往海峡殖民地、南海岛屿，菲律宾群岛、旧金山和其他拥有重要的中国海外报纸的地方。

《大陆报》的编辑原则悉数罗列如下：

《大陆报》社论版要遵守的总体原则都已制定。今天特刊的首页②附有一些细节，并解释这些原则的应用方式。

（1）关于国际问题，与中国仅有普通关系而无特殊关系的，本

① 瑞德（William Henry Donald，1875—1946），澳大利亚驻华记者，曾先后任孙中山、张学良和蒋介石的顾问。——译注

② 1931年3月12日。

报以公平和相互了解的精神，主张和平调解。

(2) 关于中外关系的事件，本报主张以友好合作并互相了解的精神，使中国的理想得以早日实现。

(3) 鼓励中外的商业、金融、文化及其他互有利益的关系，并主张以中外共同合作的方法达到此种目的。

(4) 关于上海本埠有国际性质的问题，本报主张以公共利益和彼此诚意合作为标准，以增进上海大多数人的福利。

(5) 关于中国政治问题，不偏袒任何党派，但在必要时，对于某种计划或政策的本身，加以建设的批评，以谋全民之福利。

(6) 关于劳资问题，主张对于双方都以公允的态度。

(7) 对于个人，不加臧否。

《大陆报》的管理层努力在报刊中体现中国新闻的特色，从而与英国所有的《字林西报》竞争，后者为路透社和美联社的独家新闻支付了大笔资金。

华北有两家美国报纸：天津的《华北星报》(*North China Star*) 和北平的《北京导报》，但现在只有《华北星报》仍归美国人所有。

《华北星报》归一家在天津美国总领事馆注册的美国公司所有，股本资金 60 000 美元。其中五分之三归法克斯 (Charles J. Fox)[①] 博士所有。法克斯是天津的著名律师，同时还是这家报纸的主编。《华北星报》位于法租界巴斯德路 78 号，日发行量约 3 000 份。它不依附于任何政党，对中国人民也十分友好。该报既刊登本地新闻，也会报道来自路透社、合众社、亚洲人通讯社 (Asiatic) 的全国和国际新闻。苏联塔斯社有时也会发来新闻，《华北星报》会刊登其中一些非鼓动性的新闻。

---

① 法克斯 (Charles James Fox，1877—?)，美国驻华记者、律师，曾在华执教并办报。——译注

华北的这两家美国报纸对国民党的理想都或多或少抱有支持态度。1928 年，国民党中央宣传部规定《华北星报》不得使用中国邮政。法克斯当时感到十分困惑，不知道自己的报纸做了什么而招致国民党采取如此过激的行动，便立即向南京的朋友发去电报询问原因。后来他才知道，这是因为该报刊登了一篇合众社北平通讯员贝斯（D. C. Bess）采写的文章。贝斯在文中预测，1929 年春天，北方军阀和南京政府不可避免会有战争。后来，法克斯和合众社向南京外事办公室发去官方文件，为发表这篇文章和合众社北平通讯员将这篇文章发给报社的行为致歉。至此，当局才解除邮政禁令。

华北的另外一家美国报纸《北京导报》是 1920 年由一家中国集团企业创办的。严玖熙当时掌权，而这个政治集团的领导人、中国知名学者梁启超当时担任北京政府的财政部长。该中国集团邀请刁敏谦（M. T. Z. Tyau）博士来编辑报纸，刁敏谦曾经就中国的国际问题出过几本书，现任南京政府外交部情报和宣传部门的负责人。因政府的政治变故，该报在 1925 年重组，美国新闻记者柯乐文被选为该报主编和总裁。由于华北地区外国势力较小，再加上北平军事动乱导致的商业萧条，这份报纸一直处在财政困难当中。

1928 年，中国首都由北平迁往南京，使得《北京导报》无法继续维系。柯乐文来到南京，与中国领导人协商，由后者收购这家报纸。新的控股公司指定刁作谦（Philip Tyau）担任重组后的《北京导报》的总经理，他在旧都北平时也在外事办公室任职，同时还是位受欢迎的网球明星。李炳瑞（Edward Bing-Shuey Lee）被任命为该报主编。他在加拿大出生，并在那里接受教育，回国后在国民党的中央宣传部门工作。1930 年，阎锡山和冯玉祥向中央政府发起反抗时，山西的官员控制了这份报纸。但是不久后阎、冯起义失败，这家报纸又回到国民政府的控制之下。

《北京导报》不再是美国报纸，这让华北的中外人士都感到十分可惜。在北平，没有几家私营报纸能做得像柯乐文那么好。他的社论总是聪明机智、充满活力，其自由的风格使得他成为在东交民巷使馆区所谓的“不受欢迎的人物”。1927 年他坚决反对美国贷款发展南满铁路，并写文章抨击 1928 年日本在济南的暴行，因此招致日本官方多次的抗议。事实上，由于柯乐文拒绝改变其文章的立场，很多日本公司都撤销了与柯乐文报纸的广告合同。1928 年，当国民党军队从南方逼近旧都时，东交民巷盛传“南方的共产主义者”会重演 1900 年义和团之暴行的消息。各国政府都派士兵护送在北平的本国公民聚集到某个地点。各使馆还建议派海军陆战队到外国商铺和居民点以提供“足够的保护”。柯乐文直言不讳地告诉美国使馆，他不需要来自美方的保护，在中国法律的保护下他就能过得很好。即使与中国公司发生法律纠纷时，《北京导报》也会选择在中国的法庭，而不是依靠治外法权来处理案件。

柯乐文也有不足之处，但作为一个编辑，他有充分的创造力、勇气和决心把自己的观点告诉公众。

远东最重要的美国周报是《密勒氏评论报》，这份报纸于 1917 年初由密勒创办。在日俄战争期间，他作为《纽约先驱报》记者来到远东。在此之前，密勒曾在 1911 年辛亥革命期间协助创办《大陆报》。这份周报开始时名为《密勒德氏评论报》（*Millard's Review*）。密勒创办这份周报的目的是向美国人介绍远东的发展，并从中国读者的视角诠释美国和其他西方国家的政策。尽管在报纸创办两年后密勒就退休了，但是该报在这一领域极为成功，鲍威尔后来接替了密勒的职位。

鲍威尔说：“《密勒氏评论报》一直承认中国独立自主的政策，中国有能力管理自己的事务，不应成为其他欧洲或亚洲国家的殖民地。这项政策与美国对华政策大体一致。我们还支持门户开放政策，坚持中国在关税方面的自主权，以及废除治外法权。关于中国问题，本报向来支持中国贯彻对政治、经济和工业进行重组的政策，从而使中国与世界上其他国家处于平等的地位。只有这一方式才能解决所谓的远东问题，因为一个弱小的中国总是会激起其他国家贪婪的野心，而一个强大的中国能够在国际事务中发挥稳定的作用。”

《密勒氏评论报》的发行量达到每周 4 000 ~ 5 000 份。虽然主要都是卖给中国读者，但该报在海外，尤其在美国和英国，也有大量的读者。

1927 年，当全世界都在妄图干涉中国的时候，《密勒氏评论报》是在中国的唯一反对这种政策的外国人拥有和编辑的报刊。《密勒氏评论报》的立场为海外一些同样反对这一政策的利益团体提供了实际的支持。该报还鼓励中方参与上海公共租界的管理问题。该报认为，上海公共租界最终应由中国控制，因此，有必要从一开始就使中国了解管理这么大一座城市的问题。

《密勒氏评论报》的主编和出版人鲍威尔也是《芝加哥论坛报》(*Chicago Tribune*) 驻上海的记者。1924 年，臭名昭彰的山东临城火车抢劫案中，他也是被绑匪抓走的外国人之一。他在《芝加哥论坛报》上发表题为“与绑匪野营”的文章，活灵活现地描述了自己被匪首孙梅遥囚禁的经历。《密勒氏评论报》还发表《中国名人录》的内容，内容包括中国一些最著名的政治家、金融学家、企业家和专家的照片和传记。

另外一份名叫《中国杂志》(*The China Journal*) 的美国报刊在英国和美国的科学家、地理学家和博物学家圈子里十分有名。《中国杂志》一开始是双月刊，自 1926 年起改为月刊。插图的数量和涉及范围都有所增长、扩大。该杂志的编辑苏柯仁（Arthur de Carle Sowerby)[①] 早在《中国杂志》创办之前，就已经在科学界和勘探界享有

---

① 苏柯仁（Arthur de Carle Sowerby，1885—1954)，英国人，苏道味之子，生于中国山西，曾在华执教、办报。——译注

盛名了。多亏了他夫人克拉丽丝·莫依斯·索尔比（Clarice Moise Sowerby）的高效管理，才使得这份刊物得以在中国艰难的商业环境中维系下来。1922 年秋天，她成为《中国杂志》的业务经理，自那以后便一直担任这一职务。她还是中国科学艺术协会的名誉司库。尽管《中国杂志》是这个协会的官方机构，但两者并没有任何财政上的关系。这个协会比报纸要晚一些创立，在财政上两者是独立的。《中国杂志》不仅在中国和其他东方国家的科学和艺术领域，还在旅行、勘探、体育和教育方面，不断提供权威的记录。

中国最著名的月刊之一是《远东评论》（*Far Eastern Review*）。李亚（George Bronson Rea）[①] 于 1904 年在马尼拉创办《远东评论》。1912 年迁到了上海，从那时起便不断地发刊。这份期刊只评论远东的工程、金融、商业和船运，旨在促进远东国家的工业发展、贸易进步和良好的国际关系。尽管这家杂志主要刊登远东地区的工程项目和与此相关的话题，它却在世界范围内发行，在纽约、伦敦、巴黎、柏林和东京都有办事处。其每月的全球发行量达到 6 000 份。

李亚 1870 年出生在纽约布鲁克林。最初，他是机械工程师，后来主要供职于古巴的糖料种植园。正是在古巴，他成为知名的记者。1895—1897 年古巴革命期间，他在古巴担任《纽约先驱报》的特约通讯员。后来，在西美战争期间，他又成为《纽约世界》（*New York World*）的记者。作为糖料专家，他成为菲律宾政府在华盛顿的代表。他把刊物搬到上海后，成为交通部的技术秘书。他曾辅助过中国很多高层官员，包括为孙中山及后来为孙科担任铁路问题专家。美国加入战争后，李亚主动提出参军，并于 1917 年在情报部门担任上尉，在法国服役。后来，李亚又在马德里担任助理武官。战争结束后，他在巴黎和会叶恭卓部长的手下担任工业委员会的技术秘书。

---

① 李亚（George Bronson Rea，1869—1936），美国机械工程师和记者，曾在华任伪满洲国顾问。——译注

《远东评论》是亲日报刊，立场鲜明。对其最近几期刊物进行分析的结果显示：在这份杂志上刊登广告的总共100家公司中，有40多家是日本公司，只有9家是中国公司。它的编辑政策是反对过早地废除外国在中国享有的治外法权，并敦促美国和日本在东方事务上进一步合作。

《远东评论》在1931年3月期刊上发表了一篇有关中国土匪绑架两名美国传教士的文章，希望引发其他国家的公众情绪以抵制中国废除治外法权。摘录文章如下：

我们不再抱有幻想了。经过六个月毫无成果的沟通，以及随后11个小时为了保存面子而进行的示威，我们相信，这两位美国公民已经牺牲了。我们再做什么也不能够挽救他们了。可怜的美国人都被误导了！可怜的美国母亲和她的孩子为了让父亲回来已等待并祈祷了六个月，他们仍抱有一线希望，希望自己的祖国，这个世界上最强大的国家，能够实现其不断重复的诺言，为他们提供保护。还记得“佩迪卡里被绑架事件”时，带着极端愤慨的情绪，美国总统罗斯福曾用雷鸣般的声音发出最后通牒：“要么交出活着的佩迪卡里，要么让拉伊苏利偿命！”而现在，这一时代已经一去不复返了。

这期杂志还批评了日方借给北京安福系政府的无抵押的“西原借款”，及其无人知晓的具体借款数额：

关于什么“西原借款”，我们一无所知。显然，在中国也没人知道这些钱是怎么花的，因为账本好像被破坏了。只有日本的贷款方还保留着双方所签的协议和他们交易的记录。当这笔款子交到受“中华民国”承认的政府手中后，日方就完成了自己的责任。在这些无抵押贷款中有一条原则，而且现任政府不可忽视亦不可推卸这条原则。有媒体告诉我们，南京方面坚持取消这些义务；但也有人说币原喜重郎首相在议会上回答这个问题时，就坚决表明战争贷款不可取消……

事已至此，我们不可能再深究日本战争贷款协议或探寻日本银行家的借款动机。要恢复中国的信用，中方必须坦白承认这笔战时贷款的合法性，并让日方决定应该取消多少利息才算公平。

《中国文摘》(*China Digest*) 是一份在上海出版的美国周报。该报1925年创办于北平，1926年迁到天津，同年又搬到上海，此后一直留在上海。

《中国文摘》的创办者兼主编卡罗尔·朗特（Carroll Lunt）的一席话，很好地阐释了这份报纸的编辑政策：

我当时创办这份报纸，是因为我感到中国没有一家期刊做得像美国的《文学文摘》(*Literary Digest*) 那样好。换句话说，对待任何一个争论，都要向公众提供两方面的观点，让读者得出自己的结论。尽管本报的编辑政策是始终如一的，但自本报创立之初，对待任何一个重要的话题，我们都会忠实地提出两方面的观点。这份报纸是独立的，我们的座右铭就是“提供另外一种观点”。

在不涉及文学领域时，我们的编辑政策会强调中方耐心的重要性，并主张废除治外法权时要放慢步伐。我们极为关注保护外国人在中国的生命和财产安全，并为实现这一目标作出了坚持不懈的努力。

《中国文摘》刊登广告，每周发行量将近3 000份。朗特还出版了一本外语的名人辞典，名为《中国名人录》(*China's Who's Who*)。

合众社是唯一在中国提供新闻服务的美国通讯社。该社在中国已经营了大约10年，主要是把美国的新闻出售给中国的报社和外语报纸。合众社，在北平、上海、汉口、天津、南京、香港都设有办事处，并派驻记者。合众社旗下还拥有很多地方报纸，例如北平的《华北星报》，天津的《大公报》和《字林西报》，上海的《大美晚报》以及上海的国民新闻社。

合众社号称世界上最大的独立新闻社之一。它在美国拥有1 200多份日报，在其他国家也有数百份报纸，其中不乏世界各地的大型报纸。在美国，合众社的成员可以使用自己报社租用的长达20万英里的电缆系统。该社总部在纽约，在全国有50多个分支机构。合众社几乎向拉丁美洲的所有报纸提供新闻，并且在拉美各国所有的首都城市设有大型办事处。

合众社在不列颠群岛的总部设在伦敦，用电报把新闻信息发给所属的报纸。合众社在欧洲大陆的总部设在柏林，并在各国首都设有办事处。欧洲大陆上的日报都能收到全球各地的新闻。南美洲的总部设在阿根廷的布宜诺斯艾利斯。

合众社中国总部在上海，由伊金斯（H. R. Ekins）任经理。该社每年会向中国传送30万~40万字的美国新闻，同时也会向该社分布在全球各地的报纸输出同样数量的中国新闻。合众社在上海向半官方的国民通讯社提供美国电报。作为回报，国民社把这些汉语电报作为新闻服务的一部分，定期发给地方报纸。

合众社远东地区负责人服安（Miles Vaughan）

合众社远东地区的负责人是服安（Miles Vaughan）先生，他在东京的办公室指挥着合众社在中国、日本和菲律宾的活动。服安曾经在南美洲工作过。雷·马歇尔（Ray Marshall）是早期在中国工作的合众社人员之一，他主管了几年合众社在北平的办事处。现在，他是该社在旧金山的电讯编辑。有这样一个故事，1923年，时任南京政府外交部长，后又主管北京政府中俄事务的王宠惠博士曾邀请马歇尔共进晚餐。当时，王博士坚持要马歇尔品尝一道他很喜欢的菜，马歇尔吃后也感到非常满意，但经过询问，他才知道这道美食竟然是由广东的蛇做成的！这对他来说是难以接受的。

合众社的另一位记者高尔德（Randall Chase Gould）①，因为与美国驻华公使马慕瑞（J. V. A. Macmurray）②之间的争论而闻名全球。高尔德当时离开《费城公共记录报》（*Philadelphia Public Ledger*）去接替马歇尔在北京的职位。高尔德的文章崇尚自由开明，他与广东很多国民运动的领袖，包括陈友仁、孔祥熙等都保持着友好关系。高尔德对中国政治局势的观点经常与美国驻华公使马慕瑞大相径庭，以致后来大使停止了合众社每周对他的定期访谈。报社后来不得不把高尔德派往马尼拉。但是，随着新任美国驻华公使的上任，高尔德于1929年又被调了回来，在上海负责合众社的中国事务。现在，高尔德已经回到合众社总部，由伊金斯接替他在上海的职务。

与其他外国通讯社相比，美联社在中国的活动并没有什么名气，就是因为该社很少与中国的其他国内外报社联系。美联社也不在中国提供新闻服务。根据与路透社达成的协议，驻扎在路透社上海总部的美联社记者可以使用路透社所有在中国发出的新闻。因此，美联社在中国的活动只局限在能够吸引美国读者兴趣的一些独家报道上。

美联社在中国有两个“全职”的记者，一个在上海，另一个在北平。哈里斯（M. J. Harris）担任了数年美联社驻上海的记者，是

① 高尔德（Randall Chase Gould，1898—?），美国人，曾任驻华记者。——译注

② 马慕瑞（John Van Antwerp Macmurray，1881—1960），美国外交官，曾任驻华公使。——译注

该社在中国的负责人。

美联社在中国最著名的记者是已故的惠芬（Walter Whiffen）。惠芬在中国居住多年，目睹了中国的政权更迭，与无数的军官和外交官都有往来，后来他被调往莫斯科并在那里逝世，人们根据他的遗愿，将他的遗体火化，并从飞机上洒下他的骨灰。托马斯·斯帝普（Thomas Steep）与《纽约先驱论坛报》和其他大都市日报都有往来。他在惠芬休探亲假的时候，接替了惠芬的工作。他在报刊上发表了很多有关中国的文章，并且出版了一本有关北平古雅习俗的书。

几年前，格伦·巴布（Glenn Babb）从东京的《日本广知报》（*Japan Advertiser*）调到了美联社的北平办事处，但是他于 1928 年又被调回东京。詹姆斯·豪（James Howe）接替了他的职位。

由于美国的报纸都有雄厚的财力，他们的特派记者和办事处遍布全球。在中国也是如此，除了日本报刊外，美国的报纸影响最大，至少在数量上是如此。从前，因为中国的南方和北方经常发生战争，大部分的美国报纸在上海和北平都设有办事处。北平的记者与东交民巷交往甚密，上海的记者也十分关注美国在中国南方的商业和传教士的利益。1928 年北京国民政府倒台，情况大变。很多重要的美国报纸都撤销了其在北平的办事处，而只在上海设立代理处报道中国新闻。

长期在中国派驻记者的美国报刊有：《纽约时报》（*New York Times*）、《基督教科学箴言报》（*Christian Science Monitor*）、《芝加哥论坛报》、《纽约先驱论坛报》。

《纽约时报》在中国曾经派驻两名记者，即在中国北方的亚朋（Hallet Abend）[1] 和在上海的亨利·米赛尔维茨（Henry Misselwitz）。1929 年 4 月 25 日，《纽约时报》刊登了以下这篇由亚朋所写的

---

① 亚朋（Hallet Edward Abend，1884—1955），美国驻华记者。——译注

电讯：

方陈武将军向陆军上将冯玉祥提出和谈的时候，陆军上将正好发表声明指出，国民政府当然是中国唯一的希望所在，但是南京的领导们已“腐朽不堪”，背叛了全中国人民。张学良说，要应对这种让人无法容忍的局面，唯一的办法就是发动一次全面的清洗运动。

在张学良发给王宠惠的一封电报中，提到了以上这篇与亚朋的访问，张学良断然否认自己说过这番话，并说他根本不认识亚朋，也从未接受过美国记者的任何访问。南京方面便立即要求驱逐亚朋。但是美国驻华大使马慕瑞拒绝了这一要求。美国官员声称，“因为治外法权，美国大使并没有权力或能力将一名美国人驱逐出中国”。结果，亚朋被提升为《纽约时报》在中国的首席记者并驻扎在上海。他住在上海的租界里，并通过国外电缆向纽约发送消息。他在上海的前任是一直对南京政府抱支持态度的米赛尔维茨，后来返回美国，并加入合众社。

1931 年 4 月 27 日，美国驻中国大使詹森（Nelson Trusler Johnson）① 亲自将一封来自《纽约时报》驻中国记者亚朋的信交给南京政府的外交部长王宠惠。在信中，亚朋代表他本人和《纽约时报》为他过去就中国所做的不实报道表示了诚挚的歉意，这也是国民政府在 1929 年夏天要将他驱逐出境的原因。南京政府接受了亚朋的致歉，现在这件事也终于画上了句号。政府正在着手归还他之前的日常出版设备。

1931 年 2 月，《芝加哥每日新闻报》也关闭了在北平的办事处，并将该报在中国北方工作多年的首席记者吉米 · L. 巴茨（Jimmy

① 詹森（Nelson Trusler Johnson，1887—1954），美国外交官，曾任驻华大使。——译注

L. Butts）调回美国。巴茨在东方的新闻界中广为人知，他曾在上海的《大陆报》任职。

约翰·歌德（John Goethe）是《国际新闻报》（*International News*）驻北平的记者，这家报社属赫斯特报团所有，是一份主要服务于美国的午报。歌德还为《伦敦每日邮报》（*London Daily Mail*）提供北平的新闻。

其他的报纸和通讯社只在有特别新闻事件发生时，才往中国派送特派记者。赫斯特报团的德拉蒙德·海（Drummond Hay）女士和卡尔·H. 冯·韦甘德（Karl H. von Wiegand）就在1929年来到南京，报道孙中山的国葬仪式。

另外一位在中国的资深美国新闻工作者是戴莱（Charles A. Dailey）[①]。他在1921年来到天津，为《芝加哥论坛报》报道直隶省的饥荒。当时该报在中国的长驻代表是弗莱德·史密斯（Fred Smith）。史密斯曾陪同美国海军陆战队的一支远征军和中国士兵一起前往云南省，去解救一位美国传教士——谢尔顿（Shelton）博士。当地的土匪绑架了他以索取赎金。这次行动很成功，却差点要了史密斯的命。因为他当时感染了伤寒，一连几周躺在上海的医院里，奄奄一息。他回国后，戴莱接替了他在《芝加哥论坛报》的工作，办事地点设在卧车宾馆[②]。

1930年12月6日，国际无线电台在上海附近的真如正式成立，使中美两国的通讯事业进入了一个新时代。这个新电台成立后，上海的消息可以直接发送到美国，而不再需要采用原来迂回的路线了。与欧洲的直接无线电服务近期也会开通。

当天，美国总统胡佛和蒋介石，美国国务卿史汀生（Henry

---

① 戴莱（Charles A. Dailey，1869—1934），美国驻华记者。——译注

② 戴莱现在的办公室在上海。

L. Stimson)[①] 和外交部长王正廷，美国无线电公司的詹姆斯·格思里·哈博德（James Guthrie Harbord）和交通部长王伯韦，他们之间都互通了信息。在第一天，就有大约1 200条信息从上海发出，并接收了2 000条信息，涉及用密码发送的正式商务信息、家人问候和报社新闻等，内容十分广泛。

现在，中美两国之间的直接无线电通讯为两国联系日益紧密的商务、社会和文化关系提供了一条最为高效且令人满意的渠道。

① 史汀生（Henry Lewis Stimson，1867—1950），美国政治家。——译注

第五章　法国在华的新闻事业

法国在华商业利益一直在不断增长，但从未占有较大的份额。法国在华总人口不过3 000人，较为重要的法国公司也不足300家，所以中国仅有两家法语报纸和三家法语期刊也就不足为奇了。这些报刊的发行量很小，几乎没有任何广告收入，无一例外都需要靠法国在华官方机构的定期资助来维持生存。

中国最重要的法国报纸是《上海日报》（*Le Journal de Shanghai*）。这份报纸隶属一家于1927年10月由上海法国商会成立的公司，该公司股本为60 000两白银。该报纸每天发行量不足1 000份。虽然这家报纸从不同机构获得资助的确切数额不为人所知，但据该报的一名前任管理人员所说，该报每年大约收到来自上海法租界公董局的15 000两白银、来自上海法国总领事馆的10 000两白银和来自北平法国公使馆的10 000两白银。

让·丰特努瓦（Jean Fontenoy）曾任这家报纸的编辑。1927年，他作为法国官方新闻机构哈瓦斯通讯社的代表从莫斯科来到中国。丰特努瓦先生又邀请在巴黎《小巴黎人》（*Petit Parisien*）工作的莫雷特（G. S. Moresthe）先生和洛朗斯（Laurens）先生到中国来帮助他编辑上海的法语日报。后来，由于上海一些顽固守旧的法国商人不满丰特努瓦支持中国人的态度，丰特努瓦与上海法国商会之间就产生了分歧。随后，丰特努瓦先生辞职，公司任命莫雷特接替他担任《上海日报》的主编，洛朗斯先生为副主编。

中国另外一家法语日报《北京日报》（*Le Journal de Pékin*）在北

平发行。在北方中国的首府，这家报纸也许比其他外国报纸都更加臭名昭著。在京中外人士对它都没有好感。国民党中央和外交部曾数次向法国官员表示强烈不满，抗议《北京日报》上刊登的文章对国民政府的杰出领导人物的恶意指责。在北平居住的外国人也不喜欢这家报纸，因为它几乎每隔一段时间就会详尽地披露一次北平城洋人圈里的一些丑闻。据报道，法国公使馆的官员曾几次要下令关闭这家报纸。法国公使馆每年给该报编辑那世保（Nachbaur）[①] 先生10 000 美元。这家报纸大约每天发行 400 份，其天津版本《天津》（*Le Tientsin*）也偶有发行。

中国最主要的法语杂志是孟烈士特（Alphonse Monestier）先生主编的周刊《北京政闻报》（*La Politique de Pékin*）。用该杂志自己的话说，它是“中国唯一使用法语的周刊”，而且是一份集“政治、文献、历史、经济、文学”于一身的刊物。其主编孟烈士特先生有许多好友都是中国革命运动中的著名人物，其中包括国民党元老李石曾博士，国民政府司法院院长王宠惠博士等。该杂志总的编辑论调亲国民党，除了总结每周中国的政治事件，还会发表有关中国文艺和社会问题的特约文章，此外还配有大量从中国报刊中选取的照片和漫画。每周发行量在 1 000 份左右。中法庚子基金会和北平法国公使馆为该杂志提供赞助。

中国另外两份法语期刊是《中国评论》（*La Revue Nationale Chinoise*）和《商会月刊》（*Bulletin de la Chambre de Commerce*）。这两份月刊都在上海出版。《中国评论》由中国人韦亚西[②]博士和雷墨尔（J. Emile Lemière）先生主编，每月发行量约为 800 份。韦亚西博士曾任广东外事专员。这份杂志由中国外交部和上海著名的法国律师

① 那世保（Albert Nachbaur，1880—1933），法国新闻工作者，曾来华办报。——译注

② 译音自 Wei Yuki。——译注

麦梭列（Du Pac de Marsonlies）① 资助。

《商会月刊》是上海法国商会的官方机构，该月刊由法国商会会长弗雷德特（Frèdet）先生主编。它的发行量不超过250份，只有在上海的法国商人阅读，而且也不是定期发行。

前文中提到，让·丰特努瓦是法国官方新闻机构哈瓦斯通讯社在中国的代表。哈瓦斯通讯社成立于1835年，它的股本现在已达到5 000万法郎。早在1870年，哈瓦斯通讯社就通过合作伙伴向全世界报道法国的最新动态。当年，拿破仑三世向德国宣战，结果法国军队节节溃败，德军给巴黎的压力不断增加，获得巴黎城内的消息变得越来越困难。那时，只要条件允许，哈瓦斯通讯社就会把这个被围城市的时事梗概平版印刷成报，连夜通过气球发送出去。

哈瓦斯通讯社现有两名驻华记者。丰特努瓦先生是远东地区负责人，那世保先生是其驻北平通讯员。他们的主要工作就是收集中国新闻发送到法国。丰特努瓦之前是哈瓦斯通讯社驻莫斯科的通讯员，1927年被调到上海。1929年，他担任国民政府通讯部的顾问。现在上海到巴黎的新闻信息电报费用约为每个字银洋1元。

哈瓦斯通讯社不在中国提供新闻服务。这里的通讯员每天通过电报发的字不超过700个，但是他们会寄很多信到巴黎，详细介绍中国的政治和金融事件，而这些事件在电报上只能简单提及。哈瓦斯通讯社通过印度支那太平洋广播通讯社（Agence Radio Indo-Chine Pacific）向中国提供新闻服务。该社是哈瓦斯通讯社在1929年12月收购的，是法属印度支那政府的官方机构。

上海的丰特努瓦先生、北平的那世宝先生、哈尔滨的布兰（Brun）先生和香港的诺弄哈（Noronha）都是印度支那太平洋广播通讯社的特约记者。他们每天都把新闻报道发到印度支那太平洋广

① 麦梭列（Du Pac de Marsonlies），法籍律师。——译注

播通讯社的西贡总部，再从那里通过广播发到巴黎。它在中国的服务分布在上海、北平和哈尔滨，主要报道法国和其他欧洲国家的新闻。每天送到中国的新闻信息大约有 1 200 字。

三家法国报纸在中国派驻记者。《上海日报》的编辑莫雷特先生是《小巴黎人》和《辩论日报》（*Journal de Débats*）的记者。《北京日报》的编辑那世宝先生是《奋进报》（*Excelsior*）驻北平记者。

第六章　德国在华的新闻事业

德国报刊在中国的地位并不重要。中国只有三家德语报纸。这些报纸的发行量出奇的小，出版也不规律，发表的新闻和特稿也几乎从未引起过公众的兴趣。

在中国，较为活跃的德国新闻机构只有一家，它在远东地区也只有一名记者。德国报纸很容易从伦敦获得有关远东的新闻报道，但德国记者从不宣称他们对这一地区事态发展进行了全面的报道。

《桥梁》（*Die Bruecke*）是上海的一家德语报纸，由施特劳斯（G. Strauss）先生在1925年创办。施特劳斯先生出生在巴尔特地区，那里曾经是俄国的领土。这份报纸每周一期，发行量估计不超过200份。刊登中国本土报纸或其他在华出版的报纸上的新闻和文章的翻译版本，偶尔还会重印欧洲报纸和杂志上发表过的文章。这家报纸没有明确的编辑方针，它唯一的兴趣似乎就是保障足够的广告收入以维持生计。尽管上海总共有1 600～1 800名德国人，这家报纸在他们当中的发行量却不大。

天津的德国侨民团体中大约有900名德国人。位于天津港的德语报纸《德中新闻》（*Deutsch-Chinesische Nachrichten*）号称每天发行500份，但事实上发行量要比这少得多。这家报纸创办于1930年，创办人克赖（W. Krey）先生曾经是个工程师。这家报纸没有任何政治从属关系。路透社、越洋社、亚洲人通讯社等新闻机构都向这家报纸提供新闻。

这份报纸之前在哈尔滨出版，因为在这个东北城市没有取得任何进展，它的老板决定把报纸迁到天津。据报道，由于近期中国北方经济萧条，该报的老板正在认真考虑再次搬迁的提议，这次可能要搬到上海去。

北平唯一的德语报纸《德东信使》(*Deutscher-Ostasien-Bote*) 创办于五六年前，每天的发行量不超过 200 份。曾任牧师的克特纳 (P. Kettner) 先生是这家报纸的创始人和目前的所有者。他是个有钱人，创办这家报纸只是图个乐趣，不为其他。人们通常认为他的编辑政策是保守的。

在中国，越洋社是唯一活跃的德国通讯社，它向北平、天津、汉口、哈尔滨和奉天的报纸提供新闻服务。

越洋社于 1921 年在北平开始经营业务，1928 年总部迁到上海，但直至一年后才真正开始运营。随着中国正式开通航空邮件业务，越洋社便通过航空邮件向北平、天津和汉口的报纸提供新闻，并通过普通邮件向其他地方提供新闻服务。哈尔滨的报纸直接从柏林获取越洋社的新闻服务，奉天的报纸也一度直接从德国获得新闻服务。但是最近东北的这些报纸对德国新闻失去了兴趣，也就停止使用越洋社的该项服务。现在，越洋社的新闻通过普通邮件从上海发送给奉天的报纸。

普劳特先生（J. Plaut），越洋社

普劳特（J. Plaut）先生是越洋社远东地区负责人。1909 年，他分别与一家日本发行的周报《德日邮报》（*Deutsche-Japan Post*）和一家德国人拥有的英语日报《日本先驱报》（*Japan Herald*）建立了联系。世界大战之后，普劳特先生曾经为《福斯报》（*Vossische Zeitung*）和《法兰克福日报》（*Frankfurter Zeitung*）工作了一段时间。随后，他受雇于越洋社，在中国和日本组建办事处。

越洋社 1912 年组建于德国，起初名为“劳埃德东亚新闻服务社”（Ostasiatischer Lloyd Service）。大战后，报社全面重组。它向北美、南美，以及除了英国、波兰和俄国以外的其他欧洲国家提供新闻服务。越洋社通过子公司欧罗巴新闻社（Europa Press）向欧洲提供服务。新闻服务语言涵盖英语、法语、西班牙语和德语。越洋社的总部设在柏林，欧罗巴新闻社的总部设在法兰克福。

普劳特先生还是沃尔夫通讯社驻远东记者。这家通讯社由沃尔夫（B. Wolff）先生于 1849 年建立。国外通常把沃尔夫看做德国政府的官方通讯社，这是因为它与德国政府签订了协约规定，德国中央政府和莱施地方政府发布的所有官方消息都是由沃尔夫通讯社向全德国公布的。作为回报，这家通讯社定期获得德国政府的资助。根据与英国大型通讯社路透社的协议，沃尔夫通讯社不能在其他国家提供新闻服务。

因此，德国三大主要通讯社的工作可以划分如下：

（1）沃尔夫通讯社在德国发布新闻；

（2）欧罗巴通讯社向欧洲其他地方发布新闻；

（3）越洋通讯社向海外发布新闻。

越洋社的建立是由于战后德国失去了电报业务资格。德国政府的海外消息及其政策都掌握在外国通讯社的手中。德国政府的观点都要由与德国利益敌对的通讯社转述到全世界，德国政府对此愤恨不已。近年来，越洋社对此作出努力，向国外，尤其是南美洲扩大影响力。

欧罗巴报业利用长途电话作为在各欧洲新闻中心之间传递新闻的主要方式。由于欧洲各国首都之间距离较近，加之欧洲大陆电话系统十分完善，这种传递方式比电报和无线电通讯更便捷有效。越洋社的中国办事处通过无线电从柏林接收新闻，但是通过电报向欧洲传递信息。普劳特先生的大部分信息都发给沃尔夫通讯社，因为后者的合作伙伴路透社对远东的新闻有很全面的报道。为了节省高昂的电报费用，沃尔夫通迅社驻中国记者仅向总部发一些简短的消息，内容通常都是记者在涉及德国利益问题上的一些个人观点。沃尔夫通迅社驻伦敦记者可以轻易地获得路透社发自中国的电报，并直接发往柏林，从而节省不必要的电报开销。越洋社到中国的英语新闻业务每个月大约有35 000 ~40 000字，德语新闻业务每月大约3 000 ~4 000字。

越洋社一个重要的收入来源是向跨大西洋的班轮提供无线电新闻业务。因为很多重要的政治界和金融界人士都会不时地乘船横跨大西洋，他们又迫切需要知道每天世界上发生的事情，所以越洋社与德国和荷兰重要的轮船公司都签订了合同，独家为他们的班轮提供无线电新闻业务。

在中国，越洋社与一家半官方通讯社国民社签有协议。根据协议条款，越洋社在中国发布的汉语新闻成为国民社日常新闻的一部分。作为回报，国民社向越洋社的上海办事处提供国民社中国新闻的英文版。

德国报纸长期派驻中国的记者并不多，其中包括为《法兰克福日报》工作的美国人史沫特莱（Agnes Smedley）[①] 小姐，为《柏林日报》（*Berliner Tageblatt*）工作的冯·恩琴·施特恩伯格（von Ungern-Sternberg）夫人，以及为《汉堡报》（*Hamburger Fremenblatt*）工作的福格尔·施特恩伯格（Vogel Sternberg）先生。

---

① 艾格尼丝·史沫特莱（Agnes Smedley，1892—1950），美国著名的女记者、作家和社会活动家。生于美国密苏里州。史沫特莱1928年底来华，在中国生活了12年。抗日战争期间，她目睹了日本对中国的侵略，撰写了宣传中国革命斗争的《中国红军在前进》、《中国人民的命运》、《中国的战歌》等著述。为了纪念对中国革命作出贡献的艾格尼丝·史沫特莱、安娜·路易斯·斯特朗（1885—1970）、埃德加·斯诺（1905—1972），原中国邮电部于1985年6月25日发行一套《中国人民之友》纪念邮票3枚，其中第一枚8分的邮票图案即艾格尼丝·史沫特莱。因三人英文名字第一个字母均为S，故名“3S”。——译注

第七章　俄国在华的新闻事业

据相关文献记录，俄国人第一次访华是在1567年。但无论是此次访华，还是1619年的第二次访华都没有取得任何商业上的进展，直至17世纪下半叶，俄国的势力拓展到黑龙江流域，贸易随之兴起。1909年，中国东部铁路的完工促使大型贸易中心——哈尔滨形成。1917年，俄国“十月革命”之后，中国与俄国的贸易终止了一段时间。直到1924年，中俄两国才又签订了临时条约。

1926年，国民革命军从广东省开始北伐起义的时候，苏联代表鲍罗廷（Borodin）① 及其苏联同事控制了广东政府。他们的统治让人无法忍受，蒋介石又在南京建立了独立的国民政府，并发起了大规模的运动，将国民党中的共产党员排除。

受政治环境影响，在中国的俄国人主要集中在两个城市——哈尔滨和上海。

事实上，上海法国租界内的俄国群体不断壮大，以至于人们有时会怀疑这里是不是俄国。十多年前，当俄国移民者首次从西伯利亚南下时，他们就因为上海适宜的政治和商业环境而把居住地选到了这里。由于迁往上海的“白派”俄国人一旦到达，很快就会转变身份，所以很难获得准确的数据。上海俄国银行（悬挂美国国旗）的经理宣称，1929年，在上海的俄国移民群体超过20 000人。现在实际的数字也许已经接近25 000人，而且他们还在不断地涌进中国。

---

① 鲍罗廷（Mikhail Borodin，1884—1952），苏联共产国际来华代表，曾任孙中山的政治顾问。——译注

从大连驶来的船上载满了来上海寻找新家的俄国人。

15 年前，即使加上与沙皇领事馆相关的人，在上海的俄国家庭也不过十几个。大多数的外国零售贸易，除了中国人经营的之外，其余都受俄国人的控制。裁缝店、女帽店、美容院、熟食店、餐馆、杂货店、美甲店、药店、按摩院、当铺、音响店、书店等，全部都是俄国人在经营。如今，甚至连上海的外国俱乐部菜单上也写着“sakuoska”① 和“borsch”（罗宋汤)②。

不断有俄国人从西伯利亚和东三省沿着中国沿海逃往上海和其他远东城市，他们都是因为害怕共产党。

生活在哈尔滨的“白派”俄国人是否比上海和其他远东城市的要多，这一点不得而知，但是现在许多生活在哈尔滨的俄国人属于“红派”。大约有 100 000 俄国人生活在哈尔滨，中国东部铁路沿线的众多车站也许还有 100 000 人。十几年前，哈尔滨的俄国人很可能还不足 50 000 人。1929 年，苏联军队入侵中国期间，生活在满洲北部三河流域几个俄国移民聚居地的人遭到了苏联军队的大屠杀。曾经号称避难天堂的哈尔滨也今非昔比了。

哈尔滨现在不能悬挂沙皇的旗帜了，而是挂满了中国国民革命军的旗帜，偶尔也有俄国商人挂苏联的旗帜。这商人很可能对共产党员心怀憎恨，但是他知道苏联的旗帜在那些地方意味着某种权力。

上海没有一家苏维埃的报纸，这是当然的。上海主要的俄语报纸是《上海扎利亚》（*Shanghai Zaria*)。该报创办于 1925 年，现在发行量约为 1 500 ~2 000 份，它的编辑是亚乐多夫（L. B. Arnoldoff)。该报支持“白派”的事业，其编辑政策也或多或少地偏向中国政府。它在其他城市没有特约记者，而是使用路透社、国民社、日本电报

① sakuoska，苏联国家中一种下酒用的小吃。——译注

② 罗宋汤（borsch)，该单词的俄语写法是 borsch，犹太语中的写法是 borscht，源于这种汤的主要成分甜菜（beet 或 parsnip)。——译注

通讯社和越洋社的新闻服务。这家公司还经营着一份创办于 1931 年 2 月的晚报——《扎利亚晚报》(*Evening Zaria*)。这份报纸每天大约发行 2 000 份。上海的另外一份“白派”报纸是《上海言论报》(*Shanghai Slovo*),日发行量约为 1 000 ~ 2 000 份。上海的第四家俄语报纸是《时代》(*Vremia* 或 *Times*)。这份耸人听闻的报纸日发行量约为 400 ~ 500 份。它很少刊登有关中国的新闻,广告所占版面比新闻专栏还要多。此外,它还报道法庭诉讼、抢劫、谋杀以及一些毫无根据的俄国谣言。该报一共八页,其中五六页都是广告。

下面是 1931 年 2 月 24 日《时代》上的头条,这是上海俄语新闻读物的典型代表。

> 有很多俄国人,他们不是合法地离开苏联,而是逃离苏联,历经千难万险才来到中国。他们不仅失去了普通人的舒适生活,被剥夺了基本的生活需求,而且还要经常面对死亡。在这些人历尽千难万险到中国之后(很多人在到达目的地之前就被共产党的官员抓走处死了),就算不是全部人,其中有很大一部分人也会被中国地方官员(多数是臭名昭著、极其凶险的三河流域的官员)送回苏联,他们的最终命运通常都是被处死。

《时代》的编辑公布了 16 个当事者的名字,他们都是近期进入中国境内后,被中国官员逮捕交给共产党的。该文呼吁在中国的外国媒体及其读者尽己所能,阻止“残忍而且不人道地对待那些试图逃离苏联‘天堂’的俄国人”。

运营《上海扎利亚》的出版公司还在天津和北方城市哈尔滨分别拥有《天津扎利亚》(*Tientsin Zaria*)和《哈尔滨扎利亚》(*Harbin Zaria*)。驻哈尔滨的苏联机构是《哈尔滨信使报》(*Harbin Herald*)。这是一份英俄双语的日报。它使用亚洲人通讯社和哈尔滨无线电台的新闻服务。亚洲人通讯社是由中国人运作的英语通讯社，总部设在北京。哈尔滨无线电台拦截的无线电新闻信息大多数是德国的越洋社的新闻服务，这些信息再以哈尔滨电台的名字发送到哈尔滨各地。

今年年初，由于《哈尔滨信使报》的编辑拒绝发表日本驻哈尔滨总领事的一封信，该信旨在纠正一篇所谓夸大了抚顺煤矿事故的报道，该报与日本官员产生了意见分歧。该报的政策也遭到诸多批评，尤其是它发表了“白派”俄国人抱怨最多的一些漫画。当地官员最后在3月20日关闭了《哈尔滨信使报》。苏联官员正与哈尔滨当局交涉早日复办这家报纸。

哈尔滨最大的矛盾体之一就是对俄国报纸的审查制度。审查当局由一名前俄国官员管理，他认为，不能允许在哈尔滨报道任何与苏联有关的俄语新闻，因为这些都可以看做一种“宣传”。

一次，中国东部铁路局总经理向警察局长递交正式抗议，要求惩罚一位俄国警察负责人，这份抗议的复印件被送交报社，但是审查者拒绝发表该抗议。作为苏联的媒体机构，《哈尔滨信使报》想办法发表了这篇抗议。尽管其俄语版只字未提这件事，但它在头版用英语刊登了全文。有趣的是，每个受过教育的苏联公民都能读懂英语，在自己母语中看不到的内容就可以读英语。这家报纸还用类似的方法刊登了一篇莫斯科的新闻，其主要内容是向奉天抗议铁路当局雇用“白派”俄国人。因为不允许在俄语版发表这种新闻，这篇文章也用英语出版。

哈尔滨的另外一家苏联媒体机构是《真理报》（*Truth*）。1929年，中国和苏联外交关系破裂之后，哈尔滨的苏联报纸自然也被关闭。但一段时间后，马上又出现了一家苏联宣传报——《真理报》。中国警方曾试图寻找《真理报》的印刷地点，但没找到一点线索。他们调查了哈尔滨及其附近的所有印刷厂，也没有任何发现。警方动用了最出色的人力，试图揭露其中的阴谋，但最后都绝望地放弃了。后来，警方突然想起一个苏联人，他曾经是一份被关闭的苏联报纸的编辑，而他的行踪十分诡秘。那个苏联编辑自从自己的报纸被关闭后，白天一直待在家里，晚上定期出门。没人知道他去了哪里。这是个可疑的线索了，再加上也没有其他更好的线索，所以警方决定跟进这条线索，但侦查一周后还是没有任何发现。

一天，一个独臂的苏联人来到了这个涉嫌的苏联编辑的住所，此人也是哈尔滨苏联报纸的一个著名记者。警方猜测《真理报》也许就是这两个人一起创办的。于是，警方又派更多的人跟踪那个独臂苏联人，随后他们还得到一位“白派”俄国印刷商的帮助。这个印刷商去找那个独臂人，拿出了足够的证据显示自己是苏维埃成员，并问独臂人能否帮他找一份印刷商的工作。独臂人既是排字工人，又是记者，而他的苏维埃印刷商恰巧生病了。如果他想要印刷《真理报》，就必须找个助手，所以他答应给那个求职者一个职位。在他满意地发现新员工能够保守秘密后，在晚上便把他带到自己的旧印刷店去了。

他们从后门进入地下室。这个印刷店因为没能按时交税被警察查封了，但是印刷机和铅字还留在那。工人通常在夜晚暗淡的灯光下工作。一个排字，另一个操作印刷机。原稿都来自那个涉嫌的苏维埃编辑。第四期《真理报》印刷发行了。于是，警察和那个线人（“白派”印刷商）约好突击检查这家印刷店。他们商量好，当把一小张纸贴在玻璃窗上的时候，警察就开始突击检查。一天凌晨两点左右，警察按照计划突袭了这家店，逮捕了印刷商和独臂人，终止了报纸第五期的印刷。印刷商立即被释放，而另一个被判入狱，但仍没有足够的证据证明那个苏维埃编辑有罪。

以上就是在中国出版的全部俄语报纸。

俄语报纸并不向中国派驻代表。他们依靠苏联政府的官方通讯社——塔斯社报道中国的情况。曾经有一家报社向哈尔滨派驻特约记者报道重要事件，这只是偶尔为之。塔斯社向俄国的 1 400 家报社提供服务。其重要客户包括《消息报》（*Moscow Isvestia*）[1]，这是苏联政府的一个官方报刊，报纸的日发行量约为 200 万份。塔斯社还会将来自中国的新闻发给近东的一些报社，尤其是发给在土耳其、波斯和阿富汗的报纸。

塔斯社在中国的记者除了定期通过电报传输新闻报道以外，还会用邮件发送故事、图片和商业新闻。所有的信息都直接发往莫斯科，从那里再次分发。一篇报道从上海到莫斯科大约需要半个小时到两个小时。塔斯社记者发送的新闻报道几乎都是由横跨西伯利亚的路上航线通过大北通讯社发送完成的。

现在，塔斯社只有两名驻中国记者，罗弗（V. Rover）先生常驻上海，斯勒帕克（S. Slepack）在北平总部。1926 年，塔斯社在广州和汉口也派驻了记者，但从 1927 年起，只有两名记者在中国了。塔斯社的第一位驻华记者于 1922 年来到北平。直到 1927 年，塔斯社一直为上海、北平、广州、汉口的中外报纸提供免费的新闻服务。

1927 年广州红色起义结束了中国所有公开的苏维埃活动。北平的那位塔斯社记者继续秘密地提供新闻服务。他把办公室设在所谓的公使馆区，成为北平新闻界的一个神秘人物。他的身份、住址和行踪都是保密的。然而，所有的信件，只要是写明送往塔斯社的，由公使馆区邮局转交，就能送到他手中。

塔斯社在北平提供新闻的方式十分新颖。很明显，在这个城市，塔斯社的新闻不可能公开地送往各家报纸而不遇到来自警察或者审查机构的阻挠。塔斯社记者发现北平的新闻记者通常会在下午派信

---

① 《消息报》（*Moscow Isvestia*），苏联政府机关报。原文中的 Isvestia 不是俄语单词，俄语的印刷体和手写体都没有字母 s，俄语字母 c 发音相当于 s，应为印刷错误，Isvestia 应该为 Izvestia。——译注

差到北平—奉天铁路的前门站，把他们的新闻信通过下午的快车送给天津的报纸。因此，塔斯社也派了一个人每天下午在车站把塔斯社的新闻送给北平各记者的信差。这样，塔斯社的新闻每天下午都能及时地发给许多记者。

这两名塔斯社驻中国的记者每月都会通过电报向莫斯科发送4 000 ~5 000 字的新闻。北平的斯勒帕克先生发的新闻通常不会超过1 000 字，罗弗先生会发大约3 500 字。他们在电报设备方面没有遇到任何困难。罗弗在上海公共安全局有注册证明，在公共租界官员那里也没有遇到什么棘手的困难。罗弗曾经是塔斯社驻纽约记者，斯勒帕克之前是塔斯社驻日本东京的记者。从1927 年起，由于罗弗先生4 月份要离开上海去莫斯科三个月，斯勒帕克便常驻北平直至他接替罗弗。

眼下很可能是俄国报纸在中国发展的顶峰。正如我之前提到的，那些从西伯利亚迁往中国的俄国人一到中国，很快就转变身份。尽管俄国殖民者在上海和哈尔滨的人数越来越多，年轻的一代却很快丢弃了母语。大多数人在学校都学了英语或其他的欧洲语言。10 年或20 年后，新一代都能读英语或者汉语的报纸，他们将不再需要俄语报纸了。

少数白发苍苍的俄国老先生也许还乐于拿起一张当地的俄语报纸，回忆年少时在圣彼得堡球场上的欢乐时光。然而，这样的读者越来越少了。

索　引

[所注页码为英文原书（Thomas Ming-Heng Chao. *The Foreign Press in China*. Shanghai：China Institute of Pacific Relations，1931）页码]

1. 人名中英文对照表

C

D

E

I

J

K

L

M

N

O

P

R

S

T

U

V

W

Y

2. 报刊和通讯社中外文对照表

附录一：中华民国出版法

［民国十九年十二月十六日（1930 年 12 月 16 日）国民政府公布同日施行，《大美晚报》出版其英文版］

第一章　总　则

第一条　本法称出版品者谓用机械或化学之方法所印制而供出售或散布之文书图画

第二条　出版品分左列（左列即下列，原文为竖排版）三种

一 新闻纸　指用一定名称每日或隔六日以下之期间继续发行者而言

二 杂志　指用一定名称每星期或隔三月以下之期间继续发行者而言

三 书籍及其他出版品　凡前二款以外之一切出版品属之新闻纸或杂志之号外或增刊视为新闻纸或杂志

第三条　本法称发行人者谓主管发售或散布出版品之人

第四条　本法称发行人者谓著述或制作文书图画之人

笔记他人之演述登载于出版品或令人登载之者其笔记人视为著作人但演述人对于其登载特予承诺者应同负著作人之责任

关于著作物之编纂其编纂人视为著作人但原著人对其编纂特予承诺者应同负著作人之责任

关于著作物之翻译其翻译人视为著作人

关于用学校公司会所或其他团体名义著作之出版品其学校公司会所或其他团体之代表人视为著作人

第五条　本法称编辑人者谓掌管编辑新闻纸或杂志之人

第六条　出版品由官署发行者应以二份送中央党部宣传部及内政部

第二章　新闻纸及杂志

第七条　为新闻纸或杂志之发行者应于首次发行期十五日前以书面陈明左列各款事项呈由发行所所在地所属省政府或隶属于行政院之市政府转内政部声请登记

一 新闻纸或杂志之名称

二 有无关于党义党务或政治事项之登载

三 刊期

四 首次发行之年月日

五 发行所及印刷所之名称及所在地

六 发行人及编辑人之姓名年龄及住所其各版之编辑人互异者并各该版编辑人之姓名年龄及住所

新闻纸或杂志在本法施行前已开始发行者应于本法施行后二个月内声请为前项之登记新闻纸或杂志有关于党义或党务政治事项之登载者并应经由省党部或等于省党部之党部向中央党部宣传部声请登记

第八条　前条所定应声请登记之事项有变更者应于变更后七日内为变更登记之声请

第九条　前二条登记不收费用

第一〇条　左列各款之人不得为新闻纸或杂志之发行人或编辑人

一 在国内无住所者

二 禁治产者

三 被处判刑或一月以上之拘役在执行中者

四 褫夺公权尚未复权者

第一一条　新闻纸或杂志废止发行者原发行人应按照登记时之程序声请注销登记

新闻纸逾所定刊期已满二个月杂志逾所定刊期已满四个月尚未发行者视为发行之废止

第一二条　新闻纸或杂志应记载发行人及编辑人之姓名发行年月日发行所印刷所之名称及所在地

第一三条　新闻纸或杂志之发行人应于发行时以二份寄送内政部一份寄送发行所在地所属省政府或市政府一份寄送发行所在地之检察署新闻纸或杂志有关于党义党务或政治事项之登载者并应以一份寄送省党部或等于省党部之党部一份寄送中央党部宣传部

第一四条　新闻纸或杂志登载之事项本人或直接关系人请求更正或登载辩驳书者在日刊之新闻纸应于接到请求后三日内依照更正或登载辩驳书之全部在其他新闻纸或杂志应于接到请求后第二次发行前为之但其更正或辩驳之内容显违法令或未记明请求人之姓名住所或自原登载之日起逾六个月而始行请求者不在此限。

更正或辩驳书之登载其地位及字之大小应与原文所登载者相当。

第三章　书籍及其他出版品

第一五条　为书籍或其他出版品之发行者应于发行时以二份寄内政部改订增删原有之出版品而为发行者亦同。

前项出版品其内容涉及党议或党务者并应以一份寄送中央党部宣传部

第一六条　书籍或其他出版品应于其末幅记载发行人之姓名住所发行年月日发行所及印刷所之名称及所在地

第一七条　通知书章程营业报告书目录传单广告戏单秩序单各种表格证书证券及照片不适用前二条之规定

第一八条 有关政治之传单或标语非经该管警察机关许可不得印刷或发行

第四章 出版品登载事项之限制

第一九条 出版品不得为左列各款之记载

一 意图破坏中国国民党或三民主义者

二 意图颠覆国民政府或损害中华民国利益者

三 意图破坏公共秩序者

四 妨害善良风俗者

第二〇条 出版品不得登载禁止公开诉讼事件之辩论

第二一条 战时或遇有变乱及其他特殊必要时得依国民政府命令之所定禁止或限制出版品关于军事或外交事项之登载

第五章 行政处分

第二二条 不为第七条或第八条之声请登记或就应登记之事项为不实之陈述而发行新闻纸或杂志者省政府或市政府得于其为合法之声请登记前停止该新闻纸或杂志之发行

第二三条 内政部认出版品载有第十九条各款所列事项之一或违背第二十一条所定禁止或限制之事项者得指明该事项禁止出版品之出售及散布并得于必要时扣押之

依前项规定扣押之出版品如经发行人之请求得于除去该事项后返还之

第一项所定其情节轻微者得由内政部予以纠正或警告

第二四条 国外发行之新闻纸或杂志受前条第一项处分者内政部得禁止其进口

依前项规定禁止进口之新闻纸或杂志省政府或市政府得于其进口时扣押之

第二五条 违背第四十一条第一项之禁止而发行新闻纸或杂志者省政府或市政府得扣押之

第二六条 扣押书籍或其他出版品时如认为必要者得并扣押其底版

依前项规定扣押之底版准用第二十三条第二项之规定

第六章 罚 则

第二七条 不为第七条或第八条之声请登记而发行新闻纸或杂志者处二百元以下之罚金

第二八条 第十条各款所列之人发行或编辑新闻纸或杂志者处二百元以下之罚金

第二九条 发行人违反第十一条第一项之规定者处百元以下之罚金

第三〇条 出版品无第十二条或第十六条所定制记载或记载不实者处发行人二百元以下之罚金

第三一条 发行人违反第十三条之规定不寄送新闻纸或杂志者处百元以下之罚金

第三二条 编辑人违反第十四条之规定者处二百元以下之罚金

第三三条 发行人违反第十五条之规定不寄送书籍或其他出版品者处百元以下之罚金

第三四条 印刷人或发行人违反第十八条之规定者处百元以下之罚金

第三五条 违反第十九条之规定者处发行人编辑人著作人及印刷人一年以下有期徒刑拘役或一千元以下之罚金但其他法律规定有较重之处罚者依其规定

第三六条 违背第二十一条所定之禁止或限制者处发行人编辑

人著作人及印刷人一年以下有期徒刑拘役或一千元以下之罚金

第三七条 出版品为新闻纸或杂志时著作人受第三十五条之处罚者以对于其事项之登载署名负责者为限受第三十六条之处罚之著作人亦同

第三八条 违背第二十二条所定之停止发行命令发行新闻纸或杂志者处二百元以下之罚金

第三九条 发行人违背第二十三条所定之禁止者处一年以下有期徒刑拘役或千元以下之罚金其知情而出售或散布该项出版品者处六个月以下有期徒刑拘役或五百元以下之罚金

违背第二十四条第一项所定之禁止及知情而输入出售或散布该项出版品者准用前项规定分别处罚

第四〇条 妨害第二十三条第一项第二十四条第二项第二十五条第二十六条所定扣押处分之执行者处六个月以下有期徒刑拘役或五百元以下之罚金

第四一条 因新闻纸或杂志所载事项依第三十五条所定之处罚而其情节重大者得禁止其新闻纸或杂志之发行

发行人违背前项所定之禁止者处一年以下有期徒刑拘役或千元以下之罚金其知情而出售或散布该项新闻纸或杂志者处六个月以下有期徒刑拘役或五百元以下之罚金

第四二条 本法所定各罪不适用刑法累犯及并合论罪之规定

第四三条 本法所定各罪之起诉权逾一年而不行使者因时效而消减第三十五条第三十六条之罪其起诉权之时效期限自发行日起算

附　则

第四四条 本法自公布日施行

附录二：中华民国著作权法

［民国十七年五月十四日（1928 年 5 月 14 日）国民政府公布同日施行］

第一章　总　纲

第一条　就左列著作物依本法注册专有重置之利益者为有著作权

一 书籍论著及说部

二 乐谱剧本

三 图书字帖

四 照片雕刻模型

五 其他关于文艺学术或美术之著作物

就乐谱剧本有著作权者并得专有公开演奏或排演之权

第二条　著作物之注册由国民政府内政部掌管之。内政部对于依法令应受大学院审查之教科图书于未经大学院审查前不予注册

第三条　著作权得转让于他人

第二章　著作权之所属及限制

第四条　著作权归著作人终身有之并得于著作人亡故后有承继人继续享有三十年但别有规定者不在此限

第五条　著作物是由数人合作者其著作权归各著作人共同终身有之。著作人中有亡故者由其承继人继续享有其应有之权利

前项承继人得继续享有其权利迄于著作人中最后亡故者之亡故后三十年

第六条　著作物于著作人亡故后始发行者其著作权之年限为三十年

第七条　著作物是用官署学校公司会所或其他法人或团体名义者其著作权之年限亦为三十年

第八条　不著姓名或用假设名号之著作物其著作权之年限为三十年

前项年限未满者改用真实姓名者适用第四条之规定

第九条　照片得由著作人享有著作权十年但受他人报酬而著作者不在此限

刊入文艺学术著作物中之照片如是特为该著作物而著作者其著作权归该著作物之著作人享有之

前项照片著作权在该文艺学术著作物之著作权未消灭前继续存在

第一〇条　从一种文字著作以他种文字翻译成书者得享有著作权二十年但不得禁止他人就原著另译其译文无甚差别者不在此限

第一一条　著作权之年限自最初发行之日起算

第一二条　著作物是编号逐次发行或分数次发行者应于首次呈请注册时声明之词后每次发行仍应践行呈报之程序

前项后段所定呈报程序限于定期刊物得由内政部准其省略之

第一三条　著作物是编号逐次发行者其著作权之年限自每号最初发行之日起算

著作物是分数次发行者其著作权之年限自其最后部分最初发行之日起算但该著作物虽未完成其应行继续之部分已逾三年尚未发行者以已发行之末一部分视为最后之部分

前项规定于第一次注册时预行声明继续发行之期限者不适用之

第一四条 著作权人亡故后若无承继人其著作权视为消灭

第一五条 著作权之移转及承继非经注册不得对抗第三人

第一六条 著作物是由数人合作而有少数人或一人不愿发行者如性质上可以分割应将其所作部分除外而发行之其不能分割者应由余人酬以相当之利益其著作权则归余人所有但该少数人或一人不愿列名于著作物者听之

第一七条 出资聘人所成之著作物其著作权归出资人有之但当事人间有特约者从其特约

第一八条 讲义演述虽经他人笔述或由官署学校印刷其著作权仍归讲演人有之但别有约定或经讲演人之允许者不在此限

第一九条 就他人之著作阐发新理或以与原著作物不同之技术制成美术品者得视为著作人享有著作权

第二〇条 左列著作物不得享有著作权

一 法令约章及文书案牍

二 各种劝诫及宣传文字

三 公开演说而非纯属学术性质者

第二一条 揭载于报纸杂志之事项得注明不许转载其未经注明不许转载者转载人须注明其原载之报纸或杂志

第二二条 内政部于著作物呈请注册时发现其有左列情事之一者得拒绝注册

一 显违党义者

二 其他经法律规定禁止发行者

第三章 著作权之侵害

第二三条 著作权经注册后其权利人得对于他人之翻印仿制或

以其他方法侵害利益提起诉讼

第二四条 接受或继承他人之著作权者不得将原著物改窜割裂变匿姓名或更换名目发行之但得原著作人同意或受有遗嘱者不在此限

第二五条 著作权年限已满之著作物视为公共之物但不问何人不得将其改窜割裂变匿姓名或更换名目发行之

第二六条 冒用他人姓名发行自己之著作物者以侵害他人著作权论

第二七条 未发行著作物之原本及其著作权不得因债务之执行而受强制处分但已经本人允许者不在此限

第二八条 左列各款情形经注明原著作之出处者不得以侵害他人著作权论

一 节选众人著作成书以代会通教科书及参考之用者

二 节录引用他人著作以供自己著作之参证注译者

第二九条 著作权之侵害经著作权人提起诉讼时除依本法处罚外被害人所受之损失应由侵害人赔偿

第三〇条 著作物是由数人合作者其著作权受侵害时得不俟余人之同意提起诉讼请求赔偿其所受之损失

第三一条 因著作权之侵害提起民事或刑事诉讼时得由原告或告诉人请求法院将涉于假冒之著作物暂行停止其发行

于有前项处分后经法院审明并非假冒其判决确定者被告因停止发行所受之损失应由原告或告诉人赔偿之

第三二条 著作权之侵害若有法院审明并非有心假冒得免处罚但须将被告所已得之利益偿还原告

第四章　罚　则

第三三条 翻印仿制及以其他方法侵害他人之著作权者处五百

元以下五十元以上之罚金其知情代为出售者亦同

第三四条 违反第二十四条之规定者处四百元以下四十元以上之罚金

第三五条 违反第二十五条之规定者处三百元以下三十元以上之罚金

第三六条 注册时呈报不实者处二百元以下二十元以上之罚金并得注销其注册

第三七条 未经注册之著作物于其末幅假填某年月日业经注册字样者处四百元以下四十元以上之罚金

第三八条 依本章处罚之著作物没收之

第三九条 第三十三条第三十四条之罪须告诉乃论但犯第三十四条之罪而原著作人已亡故者不在此限

第五章 附 则

第四〇条 本法自公布日施行

附录三：民国十八年份国际来去新闻电报统计表

来去报刊	次字别数 / 国别	英	法	德	意	北美	日本	法属印度支那	斐力滨群岛	澳洲	欧俄	亚俄	共计
来报	次数	952	96	465	1	367	5 655	—	12	2	191	31	7 772
	字数	18 278	2 038	40 697	105	4 725	77 768	—	303	9	24 594	5 008	173 525
去报	次数	3 531	198	468	5	1 556	20 695	241	1 295	48	658	—	28 695
	字数	245 578	34 803	34 881	115	172 504	556 302	13 320	104 512	5 272	123 866	—	1 291 153

附录四：欧美著名日报一览表[①]

英吉利

《时报》	*London Times*
《每日邮报》	*Daily Mail*
《每日电报》	*Daily Telegram*
《每日快报》	*Daily Express*
《每日新闻》	*Daily News*
《正报》	*Standard*
《晨报》	*Morning Post*
《星报》	*Star*
《晚报》	*Evening News*
《苏格兰人报》	*Scotsman*
《孟却斯特指导报》	*Manchester Guardian*
《伯明罕日报》	*Birmingham Daily News*
《利物浦日报》	*Liverpool Daily Post*

法兰西

《时报》	*Temps*
《晨报》	*Matin*

① 本表根据戈公振《新闻学撮要》的“欧美日本著名日报一览表”整理而来，省略了日本报纸部分，因为附录五“日人在华出版报刊要览（1882—1945）”详尽记录了日本在华报刊，其他部分保留原书的内容。——译注

《世纪报》	*Sieche*
《公论报》	*Journal des Debats*
《菲加俄报》	*Figurs*
《小巴黎人报》	*Petit Parisien*

德意志

《时报》	*Die Zeit*
《日耳曼报》	*Germania*
《德国日报》	*Deutsch Tages Zeitung*
《十字军》	*Kreuz Zeitung*
《正报》	*Links*
《促进报》	*Vorwarts*
《红旗报》	*Die Rote Fahne*
《柏林日报》	*Berliner Tagesblatt*
《柏林晨报》	*Berliner Ma genpost*
《星期报》	*Deutsch Wochenblatt*
《民报》	*Volkische Beobachtung*
《公民报》	*Staatsburger Zeitung*
《指导报》	*Lokal Anzeiger*
《福朗克府报》	*Frankforter Zeitung*

意大利

《世纪报》	*Secolo*
《晚邮报》	*Corriere della Sera*
《意大利民报》	*Popolo d'Italia*
《太阳报》	*Sole*
《直道报》	*Ginstizia*

《讲坛报》	*Tribuna*
《世界报》	*Monds*
《传道报》	*Messaggers*
《纪元报》	*L'Epoca*
《民意报》	*L'Idea Nazionale*
《晨报》	*Mattino*
《日录报》	*Giorno*
《佳发河日报》	*Caffaro*
《国民日报》	*Nazione*
《剩板报》	*Stampa*
《意大利发程报》	*L'Avvenire d'Italia*
《普利省报》	*Gazzetta di Puglia*

奥地利亚

《新自由报》	*New Zreie Presse*
《新爱国报》	*New Nationale Zeitung*
《新维也纳日报》	*New Wien Tagesblatt*

匈牙利

《派斯特人报》	*Pesther Lloyd*

比利时

《晚报》	*Soir*

荷兰

《新红塘报》	*Nienwe Rotteraamscho Courant*

葡萄牙

《世纪报》	*O. Seculo*

西班牙

《太阳报》	*Sol*
《捷报》	*Beraldo de Madired*

保加利亚

《晨报》	*Outro*
《弭报》	*Mir*

希腊

《国报》	*Ethnoe*

瑞典

《旦报》	*Svensk Dag-bladet*

丹麦

《政报》	*Politiken*

罗马尼亚

《天视报》	*Argus*
《晨报》	*Dimineata*

瑞士

《波尼人智慧报》	*Berner intelligenzblatt*
《瑞士商报》	*Schweizer handelsamtblatt*

土耳其

《回声报》	*Tanin*
《诚报》	*Surat-i-Mustakim*

美利坚

《时报》	*New York Times*
《日录报》	*New York Journal*
《世界报》	*New York World*
《讲坛报》	*New York Tribune*
《美利坚人报》	*New York American*
《晚报》	*New York Evening Post*
《通报》	*New York Herald*
《太阳报》	*New York Sun*
《华盛顿邮报》	*Washington Post*
《波士盾通报》	*Boston Herald*
《芝加哥实报》	*Chicago Record Herald*
《旧金山报》	*San Francisco*
《基督科学导报》	*Christian Science Monitor*

巴西

《日录报》	*Jornal do Brazil*
《商报》	*Jornal do Commercio*

智利

《国报》	*Nacion*

阿根廷

《国报》	*Nacion*

乌拉圭

《晨报》	*Manana*

墨西哥

《公平报》	*Imparcial*

俄罗斯

《新闻报》	*Известия*
《正义报》	*Правда*
《经济生活报》	*Зкоцомическая Жизнь*

波兰

《差报》	*Kuryer*

附录五：日人在华出版报刊要览（1882—1945）

该附录摘自周桂荣编著《近代日人在华报业活动》［三联书店（香港）有限公司2007年版］第218～242页“日人在华出版报刊要览（1882—1945）”。收录报刊包括日系报刊及民国后期在“满洲国通讯社”控制下的报纸，按创办地点和所在地区分类，依次为东北地区、华北地区、华中地区、华南地区（包括香港、澳门及台湾）。报刊按创办年份排列。

（一）东北地区

开原

《开原新报》：有记载称为《开原新闻》，日文日报，1912年2月11日由山田民五郎创办于开原，1939年仍在出版。

《开原新闻》见《开原新报》条。

佳木斯

《三江报》：中文报纸，在佳木斯出版，主办人为安井撤，是民国后期“满洲国通讯社”控制下的报纸。

《佳木斯新闻》：民国前期日本人寒河江坚吉创办于佳木斯。

黑河

《黑河日报》：中文报纸，主办人为蓝锡侯，出版于黑河，是民国后期“满洲国通讯社”控制下的报纸。

哈尔滨

《北满洲》：日、俄文并载的周刊，1908年10月5日创办于哈尔滨，经营者是布施腾治，幕后主宰则为古泽幸吉。1912 年 3 月 29 日，该报俄语栏独立为《东报》。《北满洲》于 1922 年停刊。

《东报》：（ウオストーク）俄文日报，1912 年 3 月 29 日创办于哈尔滨，经营者布施腾治，这是从《北满洲》的俄语栏独立出来的日报，同年停刊。

《北满洲》：日文周刊，1914 年 7 月由水清一郎创办于哈尔滨，同时发行同名中文半周刊，为日本政策宣传。1922 年 1 月并入《哈尔滨新闻》。

《极东新报》：中文报刊，1918 年 11 月 1 日创办于哈尔滨，发行人齐藤竹藏，出版仅一个多月即停刊。

《哈尔滨日日新闻》：日文日报，1922 年 1 月 12 日由大泽隼创办于哈尔滨，1945 年日本投降时停刊。该报是哈尔滨发行时间最长的外国报纸，民国后期为“满洲国通讯社”控制下的报纸。

《大北新报》：中文日报，1922 年 9 月 22 日创办于哈尔滨，先后由田中真雄、染谷保藏、山本久治任社长。

《哈尔滨资料》：日文日报，1923 年 5 月由满铁会社调查部哈尔滨事务所调查课创办于哈尔滨，1925 年 7 月停刊，共出五十一号。

《哈尔滨调查时报》：日文报刊，1926 年 5 月由满铁会社调查部哈尔滨事务所调查课创办于哈尔滨，1927 年 7 月停刊，共出三十四号。

《午报》：中文报纸，由山本久治创办于哈尔滨，是民国后期“满洲国通讯社”控制下的报纸。

《滨江日报》：中文报纸，由王维周创办于哈尔滨，是民国后期“满洲国通讯社”控制下的报纸。

《哈尔滨斯可也维勒米亚》：俄文报纸，由古泽幸吉创办于哈尔滨，是民国后期“满洲国通讯社”控制下的报纸。

齐齐哈尔

《黑龙江民报》：中文报纸，出版于齐齐哈尔，主办人为片山诚三，是民国后期“满洲国通讯社”控制下的报纸。

《齐齐哈尔新闻》：日文报纸，创办于齐齐哈尔，由片山诚三主持，是民国后期“满洲国通讯社”控制下的报纸。

辽阳

《辽阳新报》：日文隔日刊，1908 年 12 月 15 日由渡边德重创办于辽阳。1918 年 10 月 30 日改名《辽鞍每日新闻》，并改为日报，出版至中日战争结束时止。

《辽鞍每日新闻》：日文日报，1918 年由《辽阳新报》改名而成，主办人为渡边德重。民国后期是“满洲国通讯社”控制下的报纸，出版至中日战争结束时止。

《满洲净土宗教》：日文月刊，1912 年 3 月由福田阐明创办于辽阳。

《辽海公报》：中文报纸，创办于辽阳，由渡边德重主持，是民国后期“满洲国通讯社”控制下的报纸。

鞍山

《鞍山日日新闻》：日文报纸，1908 年创办于鞍山，主持人为上田利三郎，是民国后期“满洲国通讯社”控制下的报纸。

锦州

《锦州新报》：日文晚报，1932 年 4 月 8 日创办于锦州，主办人为下野弥三郎，是“满洲国通讯社”控制下的报纸。

《辽西晨报》：中文报纸，在锦州出版，主办人下野弥三郎，是民国后期“满洲国通讯社”控制下的报纸。

大连

《辽东新报》：中、日文并载的日报，1905 年 10 月 25 日创于大连，末永纯一郎、金子平吉创办。1923 年 1 月合并《大陆日日新闻》，1927 年 10 月 31 日停刊；11 月又合并《满洲日日新闻》，易名《满洲日报》。

《满洲日报》见《辽东新报》条。

《大连实业杂志》：日文月刊，1907 年 2 月 18 日由相泽仁郎创办于大连，大连实业会出版。

《满洲基督教报》：日文月刊，1907 年 5 月 4 日由柴田博阳创办于大连，日本基督教会所出版，后改名《基督教之福音》。

《基督教之福音》见《满洲基督教报》条。

《满洲日日新闻》：日文日报，1907 年 11 月 3 日由（满铁）星野锡创办于大连，1927 年 11 月与《辽东新报》合并，易名《满洲日报》。

《泰东日报》：中文日报，1908 年 11 月 3 日由金子平吉创办于大连，由《辽东新报》附录中文版独立而成。民国后期为“满洲国通讯社”控制下的报纸。

《满鲜旅行案内》：日文月刊，1909 年 2 月 9 日由村松武一郎创办于大连，满鲜旅行社案内社出版。

《苇原》（あしはら）：日文月刊，1909 年 2 月 9 日由饭塚佐兄久创办于大连，出云神社满洲别院出版。

《满洲新闻》：日文日报，1909 年 2 月由日本人创办于大连。

《满洲教报》：日文月报，1909 年 3 月 9 日由白石寿觉创办于大连，大连本原寺出版。

《满洲日日新闻》（*Manchura Daily New*）：英文日报，1910 年 1 月 1 日由日本人创办于大连，其前身是满铁经营的《满洲日日新闻》于 1908 年所设的英文版。

《海友》：日文月刊，1910 年 4 月 4 日由来岛琢磨创办于大连，大连海友协会出版。

《大连日露协会会报》：日文双月刊，1910 年 12 月 5 日由上田熊吉创办于大连，大连日露协会出版。

《雀》（すずめ）：日文月刊，1911 年 7 月 1 日由枝广熊八创办于大连，笑喃社出版。

《儿童》（こども）：日文月刊，1911 年 11 月 24 日由竹内恒道创办于大连。

《妇人》：日文月刊，1911 年 12 月 2 日由竹内恒道创办于大连。

《协和》：日文半月刊，1912 年创办于大连，由满铁会社社员出版，城所英一主持。

《大陆》：日文月刊，1913 年 3 月由金子平吉、石本镇太郎创办于大连，由满铁会社社员出版，城所英一主持。

《满洲重要物产商况日报》：日文日报，1913 年 7 月 28 日由照井长次郎创办于大连，1916 年停刊。

《大连商工月报》：日文月刊，1915 年 6 月由大连商工会议所创办于大连，1936 年尚存。

《满蒙》：日文月刊，1916 年 8 月创办于大连，是满铁会社主办的中日文化协会的机关刊物，亦是日本人最早在大连出版的文艺期刊，1931 年尚在出版。

《大连经济新报》：日文日报，1917 年 12 月 4 日由山口忠三创办于大连，1923 年 12 月易名《满洲商业新报》。

《关东报》：日文日报，1919 年 11 月由都甲文雄创办于大连，1937 年 8 月停刊。

《大连新闻》：日文日报，1920 年 5 月 5 日立川云平、宝性确成创办于大连，1935 年 8 月 7 日停刊，翌日与《满洲日报》合并，又称《满洲日日新闻》。

《埠头日报》：日文日报，1920 年 11 月 8 日由福田喜代三创办于大连。

《夕泰来旬报》：日文旬报，1921 年 4 月 29 日由藤田温二创办于大连。

《满洲报》：中文日报，1921 年 7 月 24 日由西片朝三创办于大连，1937 年停刊。

《大同文化》：中文月刊，1922 年 3 月由大连中日文化协会创办于大连，其后移至奉天。1935 年 4 月迁到满洲文化协会新京事务所，1936 年尚在出版。

《吉林时报》：日文周刊，1912 年由日本人创办于永吉。

本溪湖

《安奉新闻》：日文日报，1913 年 4 月 3 日由冈完起创办于辽宁省本溪湖。

《安奉每日新闻》：日文报纸，1926 年创办于本溪湖，主办人为野村一郎，民国后期为“满洲国通讯社”控制下的报纸。

铁岭

《铁岭新闻》：日文隔日刊，1908 年 9 月由木户作次郎创办于铁岭，1910 年改为日刊，约于 1911 年 2 月停刊。

《铁岭商况日报》：日文隔日刊，1908 年 9 月由鲤江宪治创办于铁岭，1910 年停刊。

《铁岭时报》：有的记载称为《铁岭日报》，日文日报，1911 年 8 月 1 日创办于铁岭，西尾信主编。民国后期为“满洲国通讯社”控制下的报纸，1945 年停刊。

《铁岭日报》见《铁岭时报》条。

《满洲野》：日文刊物，每月发行 6 次，1913 年 3 月 12 日由迫田采之助创办于铁岭，出版至 1936 年。

《铁岭每日新闻》：中、日文并载的日报，1917 年 11 月 3 日由迫田采之助创办于铁岭。

奉天（沈阳）

《盛京时报》：中文日报，1906 年 10 月 18 日由中岛真雄创办于沈阳。1944年9月14日停刊，是日本人在华创刊较早、出版时间较长的中文日报。

《内外通信》：日文日报，1907年7月1日由合田愿创办于奉天，1918年7月1日改为《奉天每日新闻》，1939年尚在出版。

《满洲日报》：日报，1907年12月5日中岛真雄于营口的同名报纸停刊前后在奉天另办的报纸，由盛京时报社发行，翌年6月停刊。

《满洲日日新闻》：日文报纸，1907年由松本丰三创办于奉天，民国后期为“满洲国通讯社”控制下的报纸。

《奉天日报》：日文日报，1908年5月创办于奉天。经营者原口闻一。此报作为《满洲日日新闻》的附录，在奉天、铁岭等地免费附送，翌年停刊。

《南满日报》：日文日报，1908年12月由矢野勘创办于奉天，1912年9月1日易名《奉天满洲日报》。

《大陆日日新闻》：日文日报，1909年6月1日由吉野直治创办于奉天，1923年1月并入《辽东新报》。

《满洲通信》：日文刊物，每日出版两次，1914年8月31日创办于奉天，代表人是武内忠二郎，中日战争时期停刊。

《奉天新闻》：日文日报，1917年9月1日由佐藤善雄创办于奉天，1939年仍在出版。

《支那研究资料》：日文月刊，1917年由橘朴、田原天南创办于奉天。

《奉天每日新闻》：日文日报，1918年7月1日由松宫干雄创办于奉天，主办人为松宫琴子，其前身为1907年7月创刊的《内外通信》。民国后期为“满洲国通讯社”控制下的报纸，1939年仍在出版。

《蒙文报》：蒙古文周刊，1918年创办于奉天，中岛真雄任社长，是《盛京时报》的附属刊物，出版不足一年停刊。

《奉天工商周刊》：日文周刊，1922 年由日本人创办于奉天。

《满蒙经济新闻》：日文半月刊，1923 年由日本人创办于奉天。

《民生晚报》：中文晚报，1934 年 12 月 1 日创办于奉天，是西片朝三收购丁袖东所办的《东亚日报》改题而成。

《醒时报》：中文报纸，由张兰友创办于奉天，是民国后期“满洲国通讯社”控制下的报纸。

长春

《长春日报》：日文日报，1909 年 1 月 1 日由箱田琢磨创办于长春，1920 年 8 月易名《北满日报》，1932 年改名《新京日本》，1938 年 10 月 11 日再易名《满洲新闻》，1939 年仍继续出版。

《满洲日报》（*Manchura Daily New*）：英文日报，1910 年由小野敏夫创办于长春，民国后期是“满洲国通讯社”控制下的报纸。该报曾在大连出版，主办人为松本丰三。

《长春商业时报》：日文日报，1915 年由伊月利平创办于长春，1923 年停刊。

《长春实业新闻》：日文日报，1920 年 12 月 15 日由染谷保藏创办于长春，1932 年易名《新京日日新闻》，1939 年尚存。

《大满蒙》：日文日报，1932 年 9 月 18 日创办于长春，由大石隆基主持。

《新京日日新闻》：日文日报，1932 年由《长春实业新闻》改名而成，由城岛德寿创办于长春，是民国后期“满洲国通讯社”控制下的报纸。

《大同报》：中文日报，1933 年 2 月由染谷保藏创办于长春，是民国后期“满洲国通讯社”控制下的报纸，属伪满洲国政府机关报，实权操纵在日本特务都甲文雄手中。

《满鲜日报》：朝鲜文日报，1933 年 8 月创办于新京，由金东晚、李容硕、李性在先后任社长，是民国后期“满洲国通讯社”控制下的报纸。1939 年 2 月兼营朝鲜文《通化爱国民报》。

《大新京日报》：日文日报，1935 年 2 月 1 日由和田日出吉创办于长春，后改名《满洲新闻》。

《满洲新闻》：日文报纸，1935 年创办于长春，由和田日出吉主持，是民国后期“满洲国通讯社”控制下的报纸。

吉林

《吉林时报》：日文周报，1911 年 2 月创办于吉林，代表者为儿玉多一，出版至伪满洲国成立后，1935 年停刊。

延吉

《东满新闻》：日文报纸，1939 年 9 月创办于延吉，主办人为和田日出吉，是民国后期“满洲国通讯社”控制下的报纸。

《东满新闻》：中文报纸，在延吉出版，主办人为和田日出吉，是民国后期“满洲国通讯社”控制下的报纸。

四平街

《四洮新闻》：日文日报，1920 年 10 月 10 日由泉本章太郎创办于四平街，当地俗称为《梨树日文报》，后由樱井教辅主持。民国后期为“满洲国通讯社”控制下的报纸，1940 年仍在出版。

抚顺

《抚顺教报》：日文月刊，1910 年 11 月 8 日由梅田谦教创办于抚顺，抚顺本原寺出版。

《抚顺新报》：日文日报，1921 年 2 月 14 日在辽宁抚顺创办，先后由坂本格、洼田利平主持。民国后期为“满洲国通讯社”控制下的报纸，1939 年仍在出版。

《抚顺民报》：中文报纸，在抚顺出版，主持人为洼田利平，是民国后期“满洲国通讯社”控制下的报纸。

间岛

《间岛时报》：日文半周刊，1910 年由山崎庆之助创办于图们江。一说创办于延吉。

《间岛新报》：有的材料记作《间岛新闻》，日文日报，1921 年 7 月 1 日由安东贞元创办于间岛，一说设于延吉。1939 年仍在出版。

营口

《满洲日报》：中、英、日文并载的日报，1905 年 7 月 26 日由中岛真雄创于营口，作为营口军政官下的机关报。1907 年 10 月 17 日停刊。

《满洲新报》：日文日报，1908 年 2 月 11 日由岡部次郎创办于营口，民国后易名《满洲日报》，1939 年尚在出版。

《营口经济日报》：日文日报，1921 年由日人创办于营口。

《营口新报》：中、日文并载的报纸，由索子始创办于营口，是民国后期“满洲国通讯社”控制下的报纸。

牡丹江

《东满日日新闻》：日文日报，1926 年 1 月 1 日创办于牡丹江，由须佐美芳男主持。民国后期为“满洲国通讯社”控制下的报纸。1940 年仍在出版。

安东

《安东新报》：日文日报（初始有部分为中文），1906 年 10 月 17 日创于安东，由金子弥平任主编，小滨为五郎任社长。1912 年 9 月 9 日合并《安东每夕新闻》，1923 年 11 月后迁至满铁附属地出版。

《安东时报》（安东タイムス）：日文日报，1907 年 6 月由金村长创办于安东，翌年停刊。或谓让予野口多内，至迟在 1912 年停刊。

《满韩日报》：日文日报，1907 年 6 月由野口多内创办于安东，1912 年停刊。或谓野口多内接手《安东时报》后，改办此报。

《满洲实业新报》：日文日报，1907 年 9 月由椿井必治创办于安东。

《东边时报》：中文日报，1908 年 9 月由金村长创办于安东，是《安东时报》的姊妹刊，1912 年停刊。

《安东每夕新闻》：日文晚报，1908 年 11 月由嘉纳三治创办于安东，1912 年 9 月 9 日停刊，合并成《安东新报》。

《困境每日新闻》：日文日报，1928 年 1 月 1 日由吉永成一创办于安东。

《安东新闻》：日文报纸，主办人为佐藤武雄，出版于安东，民国后期是“满洲国通讯社”控制下的报纸。

《安东时报》：中文报纸，出版于安东，主办人为佐藤武雄，是民国后期“满洲国通讯社”控制下的报纸。

《吉林新闻》：中、日文并载的报纸，由三桥毛卜创办于安东，是民国后期“满洲国通讯社”控制下的报纸。

其他在东北地区出版的报刊

《清国矿业时报》：不定期出版的日文刊物，1909 年 3 月在中国东北发刊，由满铁会社主办。出至 1912 年第 14 号，改名为《支那矿业时报》，由满铁会社地质调查所主办。1936 年出第 86 号时，再改名为《地质调查所报告》。出至 1938 年 3 月第 92 号时，地质调查所移交给伪满洲国；当年 8 月第 93 号起，改由伪满洲国国务院大陆科学院地质调查所刊行。出至 1940 年 12 月第 100 号时，又改名《满洲帝国地质调查所汇报》。1944 年 9 月出版第 109 号后停刊。该刊多次易名，但刊期前后相连，在二十世纪前期中国地质刊物中，是出版时间最长、资料量最大的刊物。

《资料汇存》：不定期出版的日文刊物，1910 年由满铁会社调查课出版于中国东北，1918 年停刊，共出十二册。

《满鲜实业界》：日文旬刊，1911 年 2 月 28 日由目黑幸太郎创办于中国东北。

（二）华北地区

北京/北平

《顺天时报》：中文日报，1901 年 12 月 30 日由中岛真雄创办于北京，1930 年 3 月 26 日出至第 9284 号停刊，前后近三十年。该报于 1915 年反对袁世凯称帝，销数颇畅，成为华北第一大报，但为日本外交政策张目，北伐统一后被抵制，销路迅速下降。

《北京公报》：中文报纸，日本人创办于北京，1902 年出版，一说为 1900 年出版。出版不久即停刊。

《翻译世界》：中文月刊，1902 年 12 月由日本人在北京创办。

《燕尘》：日文月刊，1908 年 1 月 20 日由日本知识分子团体燕尘社创办于北京，1912 年 3 月 20 日停刊，1917 年 9 月 10 日复刊，或旬刊、二十日刊、月刊不等。翌年 5 月 20 日出至第 20 号后终刊。

《新支那》：日文周刊，1912 年 3 月 1 日由藤原镰兄创办于北京，1945 年日本投降前停刊，是明治时代结束前日本人在中国创办的最后一种报刊。

《新支那》：日文日报，1913 年 9 月 1 日由北京同名周刊增刊而成，安藤万吉主管，1945 年日本投降前停刊。

《北华正报》（*North China Standard*）：或译为《华北正报》，英文刊物，1919 年由齐藤次郎创办于北京，渡边哲信任社长。1930 年 3 月 26 日停刊。

《极东新信》：日文日报，1922 年由藤原镰兄创办于北京，1927 年 11 月停刊。

《北京周报》：日文周刊，1922 年 1 月 22 日创办于北京。原为《极东新信》的星期刊，由藤原镰兄负责编辑。1927 年 11 月 13 日出至第 280 号后因《极东新信》停刊，转由燕尘社发行。1930 年 9 月

28 日停刊，共出四百一十三号。

《北京新闻》：日文日报，1923 年 8 月 31 日由森川照太创办于北京，一度因北京改名北平而改称《北平新闻》，中日战争爆发后仍有出版。

《北平新闻》见《北京新闻》条。

《北京满铁月报》：日文月刊，1924 年 5 月由满铁会社调查部北京公所调查课创办于北京，1929 年 8 月停刊，共出二十九号。

《新兴报》：四开小报，1936 年创办于北京，猪上清四郎任社长，为敌伪报纸。1938 年 3 月停刊，并入《华北日报》。

《晨报》：原名《北平晨报》，办于北平，北平沦陷后由伪临时政府接办，改名《晨报》，后来成为华北政务委员会的机关报，为敌伪报纸。1943 年 12 月 31 日停刊。

《全民报》：大型报纸，办于北京，北平沦陷后被盗用为伪北平市政府的机关报，为敌伪报纸，社长是作野秀一。1938 年 8 月并入《新民报》。

《实报》：原为小型日报，办于北京，北平沦陷后投敌，管翼贤、何庭流先后任社长，1944 年 5 月 1 日停刊。

《时言报》：小型报纸，办于北平，北平沦陷后投敌，1943 年底停刊。

《现代日报》：小型报纸，办于北平，为敌伪报纸，与《时言报》共同经营。

《世界日报》：大型报纸，办于北平，北平沦陷后被盗用发刊，至 1937 年与《世界晚报》被改组为《新民报》。

《世界晚报》：大型报纸，办于北平，北平沦陷后被盗用发刊，至 1937 年与《世界日报》被改组为《新民报》。

《实事白话报》：小型报纸，办于北平，北平沦陷后投敌，1939 年 4 月停刊后并入《新民报》。

《北平觉报》：小型报纸，抗战前已于北平出版，由日本军部出资所办，为敌伪报纸，社长刘家骧。

《平报》：小型报纸，在北平出版，北平沦陷后投敌。

《北京白话报》：原名《北平白话报》，小型报纸，在北平出版，北平沦陷后投敌。改名《北京白话报》，与《北京报》共同经营。

《北京报》：原名《北平报》，小型报纸，在北平出版，北平沦陷后投敌。改名《北京报》，与《北京白话报》共同经营。

《大义报》：小型报纸，在北平出版，北平沦陷后投敌。

《北平新报》：大型报纸，在北平出版，北平沦陷后被盗用发刊。

《卍字日日新闻》：大型报纸，在北平出版，为敌伪报纸。

《反共战线》：敌伪月刊，1937 年 3 月 1 日创办于北平，属政治时事类刊物，北平沦陷后继续出版。

《进报》：四开小报，1937 年 5 月创办于北平，武田南阳任社长。1938 年 8 月停刊，并入《新民报》。

《新民报》：有晨刊及晚刊，1938 年 1 月 1 日创办于北平，武田南阳任社长兼总主笔，该报为日伪“新民会”的机关报，是改组成舍我的《世界日报》和《世界晚报》而成。1944 年 4 月 30 日停刊，与其他报纸合并改组为《华北新报》。

《新民周刊》：敌伪周刊，1938 年 4 月 11 日创办于北平，1940 年 1 月改为月刊，是伪“新民会”的机关刊物，内容以政治理论性为主，是敌伪期刊的领导力量。

《新北京》：原名《新北平》，北平沦陷后投敌，1938 年 6 月 1 日改名《新北京》，1944 年 1 月 1 日停刊，与《新民报半月刊》合并，改组为《新民声》半月刊。

《朔风月刊》：敌伪月刊，1938 年 11 月 10 日创办于北平，属文艺性质。

《中国公论》：敌伪月刊，1939 年 4 月 1 日创办于北平，属政治、时事、经济、文艺综合性刊物，是伪临时政府的机关报，1944年仍在出版。

《新民报半月刊》：敌伪半月刊，1939年6月1日创办于北平，是《新民报》社出版的综合性期刊。1944年1月与《新北京》合并，改组为《新民声》半月刊，同年6月改为《新民声》三日刊，直至战争结束。

《戏剧报》：小型报纸，1939年6月创办于北平，是敌伪将北平各戏院节目书统一出版而成，社长朱书绅。

《中国文艺》：敌伪大型月刊，1939年9月1日创办于北平，属文艺性质。

《电影报》：小型报纸，1939年12月创办于北平，是敌伪将北平各电影院节目书统一出版而成，社长李忱流。

《民众报》：中文报刊，1940年由日本华北派遣军报导部创办于北平，武德社出版。1944年4月1日停刊，合并为《华北新报》。

《国民杂志》：敌伪月刊，1941年1月创办于北平，属政治、时事、文艺综合性刊物。

《华北新报》：中文日报，1944年5月1日由日伪华北政务委员会情报局创办于北平，是由北平的《新民报》、《实报》、《民众报》和天津的《庸报》、《新天津报》合并而成，是华北唯一的日伪中文报纸。社长为管翼贤，实际上由日本人操纵。1945年8月日本投降后停刊。

天津

《咸报》：西村博创于1899年冬，是日本人在天津最早的中文报纸，翌年因义和团事件余波而受破坏，于12月19日停刊。

《国闻报》：中文日报，1897年10月26日严复等创于天津，次年3月起假盘于日本人，戊戌政变后，于1899年4月正式由日本人接办，成为日本外务省在中国第一个直接经营的报社。1900年7月停刊。

《天津日日新闻》：1901年3月1日西村博创办于天津，日报，中、日文并载，1902年起全用中文。该报是承《国闻报》之后变名而来，或谓因《咸报》受破坏后获赔偿改题而成，由《国闻报》主笔方若担任社长兼主笔。1929年停刊。

《北清时报》：日文日报，1902年西村博创办于天津。1909年底与《北支那每日新闻》合并，次年1月1日易名《天津日报》继续出版。

《华北新报》：日文周刊，1901年日本人在天津创办，馆址设在天津法租界。后改为隔日刊，再改为日刊并易名《北洋日报》；1907年又改名为《华北时报》，估计出版时间不长。足立传一郎、田中清、小田桐勇辅等先后担任主编。

《北洋日报》见《华北新报》条。

《华北时报》见《华北新报》条。

《北支那每日新闻》：日文日报，1903年8月在天津出版，创办人一说是丰罔保平，一说是森井国雄、木村竹南。1909年底与《北清时报》合并，次年1月1日易名《天津日报》继续出版。

《北洋美术画报》：日文月刊，1906年7月由大和正夫创办于天津。

《大实报》（*The China Tribune*）：英文周刊，1909年9月25日由松本君平创办于天津，1914年9月停刊。

《天津日报》：日文日报（附中文晚刊），1910年1月1日创办于天津，是由《北支那每日新闻》与《北清时报》合并后易名而成，1945年日本投降时停刊。

《新闻报》：中文报刊，晚清时期由佐藤铁次郎创办于天津。1911年仍在出版。

《天津评论》：日文月刊，1910年9月由佐藤惣三郎创办于天津，出版至1921年。

《日华公论》：日文周刊，1912年11月由森川照太创办于天津。

《公闻报》（*China Advertiser*）：英文周刊，1914年10月11日创办于天津，代表人为松村利男。1918年3月31日至翌年9月27日停刊，复刊后改为日报。1923年5月停刊。

《天津日本商业会议所时报》：日文周刊，1916年创办于天津，是天津日本租界内商业会议所的机关报，编辑干部为小林阳之助。1929年仍在出版。

《京津日日新闻》：日文日报，1918年7月10日创办于天津，森传照太、田原祯次、黑川重幸等先后主持。1923年增出晚报，1945年日本投降时停刊。

《天津经济新报》：日文周刊，1920年8月由小宫山繁创办于天津。

《庸报》：1926年6月由董显光创办于天津，天津沦陷后日本军部派同盟社接管，成为日本北支派遣军的机关报，1944年改名《华北新报》，出版至日本投降为止。该报为天津第一家日系大报，在华北地区仅次于北平的《新民报》。

《华北商报》：日文报刊，1930年由日本人创办于天津，后改名《华北经济新闻》。

《亚细亚报》：日报，1932年由小山行道创办于天津。

承德

《热河新报》：中、日文并载的报纸，由森常雄创办于承德，是民国时期“满洲国通讯社”控制下的报纸。

山海关

《山海关日报》：日文报纸，1940年7月1日创办于山海关，由黑川重幸主办，是“满洲通讯社”控制下的报纸。

《山海关公报》：中文报纸，主办人为黑川重幸，在山海关出版，是民国后期“满洲通讯社”控制下的报纸。

青岛

《青岛新报》：日文日报，1915 年 1 月 15 日由鬼头玉汝创办于青岛，是在当地影响较大的一种报刊。抗日战争爆发后仍继续出版，1943 年与《山东每日新闻》合并，改称《青岛兴亚新报》。

《山东新闻》：日文日报，1916 年 6 月 7 日由川村伦道创办于青岛，后改名《山东每日新闻》，中日战争爆发后仍继续出版。1943 年与《青岛新报》合并，改名《青岛兴亚新报》。

《青岛新报》：中文日报，1916 年 6 月 10 日由鬼头玉汝创办于青岛，1925 年改名《大青岛报》，与日文的《青岛新报》同为青岛新报社（小谷节夫任社长）经营的报刊。

《青岛实业日报》：日文日报，1919 年 10 月 15 日由渡边文治创办于青岛。

《青岛兴信所报》：日报，1919 年创办于青岛，由上野茶藏主持。

《青岛商况日报》：日文日报，1920 年 9 月 9 日由鬼头玉汝创办于青岛，是以日本商人为对象、专注商务市场的经济性报纸。

《实业兴信所报》：日报，1921 年创办于青岛，由小川岩男主持。

《山东兴信所报》：日报，1921 年创办于青岛，由青村荣三主持。

《胶东新报》：中文日报，1922 年 6 月由中岛勇一创办于青岛，是由《济南日报》青岛版独立而成。

《青岛日日新闻》：日文日报，1922 年 10 月 31 日由小川雄三创办于青岛，1926 年停刊。

《青岛公报》：日报，1923 年创办于青岛，由三好真父主持。

《山东新报青岛附录》：日文日报，1926 年创办于青岛，由长谷川清负责，济南的《山东新报》出版，1945 年停刊。

《日华报》：日报，1929 年创办于青岛，由前田七郎主持。

《青岛时报》：日本人于 1930 年创办于青岛。

《青岛兴亚新报》：日文日报，1943 年由长谷川清创办于青岛，是由《青岛新报》和《山东每日新闻》合并而成，1945 年日本投降时终刊。

芝罘（烟台）

《山东日报》：中文日报，日俄战争期间（1904 年至 1905 年）中西正树在芝罘创办，目的是为了争取芝罘官民的协助，战争结束后终刊。

《芝罘日报》：中文日报，1907 年 8 月由平石五郎创办于芝罘，后由桑名贞次郎接班，1922 年停刊，后改由中国人接班，至抗日战争初期停办。

济南

《齐鲁时报》：日文隔日刊，1915 年 8 月由罔伊太郎创办于济南；翌年罔伊太郎改办《济南经济报》，《齐鲁时报》遂告停刊。

《济南经济报》：日文日报，1916 年 7 月由罔伊太郎创办于济南，1923 年易名《胶济时事新报》。

《胶济时事新报》见《济南经济报》条。

《济南日报》：中文日报，1916 年 8 月由中西正树创办于济南，是济南唯一由日本人创办的中文报纸。曾易名《山东新民报》，卢沟桥事变前曾一度停刊，1937 年 12 月 27 日于日本占领济南后复刊。

《山东新民报》见《济南日报》条。

《山东新报》：日文日报，1926 年由小川雄三创办于济南，是太平洋战争爆发后济南唯一的日文日报。1945 年日本投降时停刊。

其他在华北地区出版的报刊

《交涉资料》：不定期出版的日文刊物，1914 年 8 月由满铁会社调查课创办，1917 年终刊，共出二十号。

《调查资料》：日文日刊，1918 年 5 月由满铁会社调查课创办，1919 年停刊，共出十一辑。

《北支那贸易年报》：日文年报，1919 年 3 月由满铁会社调查课创办，1930 年终刊。

《汉译调查资料》：不定期出版的日文刊物，1922 年 3 月由满铁社会调查课创办，1927 年 11 月停刊，共出九卷。

（三）华中地区

上海

《上海商业杂报》：1882 年 7 月在上海创刊，日文季刊，第 3 号起改为月刊。由岡正康、江南哲夫创办，上海商同会出版。1883 年 10 月出版第 11 号后停刊。这是近代日本人在中国创办的第一种报刊，内容报道中国各地商业状况及相关事项等。

《上海新报》：日文周刊，1890 年 6 月 5 日在上海创刊，松野平三郎创办，修文书馆发行，三井物产会社资助。内容除一般新闻和评论外，还有三井物产会社的商况报告。1891 年 5 月 29 日宣告停刊，共出五十二期。

《上海时报》：1892 年春在上海创刊，日文月刊，同年 7 月改为半月刊。上海日本人青年会创办，但因欠缺资金，不足一年即停刊。

《上海周报》：日文周刊，1894 年 1 月在上海创刊，上海乍浦路共同活版所创办。内容注重报道贸易事项，同年因甲午战争爆发而停刊。

《佛门日报》：中文日报，1894 年 1 月在上海创刊，佐野则吾主编，东本原寺别院出版，目的是向中国人宣扬佛教。初刊时，每日印刷一千份。约于甲午战争爆发后停刊。这是近代日本人在中国创办的第一种中文报刊。

《上海时事》：日文周刊，1896 年 3 月 27 日在上海创刊，社址在上海美租界乍浦路189号。这是《马关条约》签订后日本人在中国创办的第一种报刊，内容是报道中、日两国贸易事宜，使日本人知悉上海商界的形势。但出版时间不长。

《上海新报》：中文周刊，1897年同文会系人士在上海创办，由大东新利洋行的白岩龙平出资，仅出版数期，即因经济困难而于同年停刊。

《亚东时报》：1898年6月25日创办于上海，初为月刊，第7号起改为半月刊，1900年4月出至第21号停刊。中日文并载，乙未会所创，宗旨是宣传日本国策，倡议中日携手，唐才常曾任该刊主编。

《农学报》：中文期刊，原为上海农学会于1897年5月25日创办的半月刊，1898年起改为旬刊；同年10月让与日本人香月梅外继续出版，至1906年1月出版第315期后停刊。内容主要介绍西方先进的农业科技及报导农业发展情况，是戊戌维新时期出版寿命最长的报刊之一。

《便览报》：又名《商务便览报》，1899年夏在上海创刊，日刊，是日商所办。疑为日文报刊，但未能确定。

《商务便览报》见《便览报》条。

《五洲时事汇报》：中文半月刊，1899年9月5日创办于上海，馆主是佐原笃介，内容以五洲近事为主。同年年底出版第4期，可能于此后停刊。

《同文沪报》：中文日报，其前身是1883年在上海创办的《沪报》（后改名《字林沪报》），1900年初售予东亚同文会，易名《同文沪报》，于2月3日起正式发行。与中国维新志士关系密切，唐才常曾借该报作为宣传机关。有副刊名为《同文消闲报》，随报附送。该报于1908年3月9日扩张篇幅，并改用原先的报名《沪报》，同年冬停刊。

《沪报》见《同文沪报》条。

《支那小报》：1902年7月日商在上海出版的中文报纸，是消闲性质的小报。

《上海周报》：日文周报，1903年12月24日竹川藤太郎创于上海，社址在上海虹口乍浦路393号，编集人是和田荣次郎。次年转让给井手三郎，同年7月停刊。

《上海新报》：1903年12月26日杉尾胜三创于上海，初为日文周报。发行十二期后，因得到东亚同文会资助，于1904年3月16日改为《上海日报》，由《同文沪报》社长井手三郎兼管。日本驻沪领事馆及日本在华团体的各类文告均在报上刊登，因而成为上海日侨社会的"官方报纸"。1929年转卖于叶田氏，在1930年代初销数达三千五百份，并附有"夕刊"（晚报），是华中地区日文报纸的领袖。1937年10月1日与《上海日日新闻》、《上海每日新闻》合并，改名《上海合同新闻》，至12月底解散，《上海日报》恢复原名出版。

《上海日报》：日文日报，1904年3月16日由井手三郎创办于上海，前身为《上海新报》。民国时期继续出版，并成为华中地区日文报纸的领袖，出版至1938年底，翌年元旦并入《大陆新报》。

《上海日本商业会议所周报》：日文周刊，1912年1月由上海日本商业会议所创办于上海。

《周报上海》：日文周刊，1913年2月11日由春申社创办于上海。1928年后，先后改名《上海周报》、《上海半月刊杂志》，刊期亦有所更改。

《医药新报》：日文月刊，1913年11月由渡边久作创办于上海，出版两期后停刊。

《东方通信》：日文通信式刊物，并设有中、英文版，1914年10月1日由东方通讯社创办于上海，表面上是由宗方小太郎主持，实际上是日本外务省（外交部）所办。1920年8月1日移至东京出版。

《上海日日新闻》：日文日报，1914 年 10 月 1 日由宫地贯道创办于上海，附有晚刊。曾一度停刊，1937 年 10 月 1 日与《上海日报》、《上海每日新闻》合并为《上海合同新闻》，同年 12 月《上海合同新闻》解散后，该报即告停刊。

《华报》：中文日报，1915 年 12 月由宫地贯道创办于上海，致力于中日关系的亲善。1923 年停刊。

《东亚日报》：中文日报，1916 年 10 月 31 日创办于上海，由井手三郎主持，是东亚同文会的机关报。1917 年与《亚洲日报》合并。

《沪友》：日文月刊，1917 年 6 月 15 日由东亚同文书院沪友同窗会创办于上海。

《上海经济日报》：日文日报，1918 年 11 月 30 日由深町作次郎创办于上海，附出晚刊。1924 年 10 月易名为《上海每日新闻》。1937 年 10 月 1 日与《上海日日新闻》、《上海日报》合并为为《上海合同新闻》，同年 12 月《上海合同新闻》解散，《上海每日新闻》复刊。1943 年 2 月并入《大陆新报》。

《上海时论》：日文月刊，1926 年创办于上海，前身为《上海与日本人》，代表人及主编为堀清。1936 年仍在出版。

《经济月报》：日文月刊，1927 年 1 月由上海日本商工会议所创办于上海。

《江南晚报》：日文日刊晚报，或谓该报为中文报，1927 年 2 月 16 日创办于上海，山田纯三郎任经理。1930 年 6 月 10 日停刊。

《上海满铁调查资料》：不定期出版的日文刊物，1927 年 9 月由满铁会社调查部创办于上海，1930 年停刊。

《满铁支那月志》：日文刊物，1929 年 11 月由满铁会社调查部北京公所调查课创办于上海。

《江南正报》：日文日报，或谓该报为中文日报，1932 年 4 月 10 日由山田纯三郎创办于上海，1935 年 5 月 31 日停刊。

《新申报》：中文日报，1937 年 10 月 1 日由日本军部创办于上海，由《上海日日新闻》改组而成，后改组为《大陆新报》中文版，1939 年 4 月 29 日停刊。

《特调班月报》：日文杂志，1939 年 9 月由日本驻上海领事馆特别调查班创办于上海，1942 年 5 月出至第 4 卷第 5 号停刊。

《通讯》：旬刊，1940 年 9 月由日本驻上海领事馆特别调查班发刊于上海。

《大陆新报》：日文日报，1939 年 1 月 1 日在上海创办，社长福家俊一，对象是上海及其附近地区的日本人。1943 年 2 月兼并《上海每日新闻》，成为上海唯一的日文报纸。1945 年 8 月日本投降后停刊。

苏州

《江苏旬报》：中文旬报，1908 年 11 月 24 日创办于苏州，该报原为中国人所有，白井勘助为编辑。翌年白井成为报主兼总编，改名《苏台日报》，并改为日报，1911 年辛亥革命时停刊。

镇江

《江南日报》：中文日报，1909 年由白井勘助创办于镇江，1910 年改名《江南商务日报》。有记载称该报为《江南商务报》，并说是日文报纸，在冀江出版，1911 年尚存。

汉口

《汉报》：中文报纸，原为 1890 年至 1891 年间英国人在汉口创办的日报，1893 年夏由中国人姚文藻继办，1896 年初售予日本人，宗方小太郎任社长，筱原邦成、柳原文雄、岡幸七郎为主笔。开始发行日期有二说，一说是 2 月 12 日，一说是 3 月 27 日。主张中国进行改革，采取立宪君主制度，因而不为清廷守旧官员所容，出版至

1900 年 9 月 28 日，由张之洞收购。

《汉口日报》：日文日报，其前身是 1905 年初春创刊的《汉皋日日新闻》，1907 年 8 月 1 日由岡幸七郎办于汉口。1927 年岡幸七郎去世后不久停刊。

《扬子江通信》：日文周刊，1910 年创办于汉口，中久喜信周主持，1915 年停刊。

《汉口日日新闻》：日文日报，1918 年 1 月 1 日由宫地贯道创办于汉口，后由宇都宫五郎主编。1937 年停刊。

《汉口公论》：日文周刊，日本人于 1922 年创办于汉口，或谓该刊创办于 1923 年。

《中支那》：日报，1928 年创办于汉口，由一色忠肯郎主持。

武汉

《湖广新报》：中文报刊，1918 年春创办于武汉，笹川洁任社长，1922 年停刊。

《中日法学》：中文周刊，1941 年由中日文化协会武汉分会创办于武汉，由日本侵华军队提供资金，1943 年 7 月停刊。

《大陆新闻》：日文日报，1942 年 4 月创办于武汉，日本陆军部出版，对象主要是华中地区的日军及日本侨民。

《中日文化》：日文周刊，1943 年 1 月 24 日由中日文化协会武汉分会创办于武汉，只出版了五期，1943 年 3 月停刊。

（四）华南地区（包括香港、澳门及台湾）

福州

《闽报》：中文报纸，其前身是 1896 年 4 月 28 日福州美华印书局创办的《福报》，日本人接手后，于 1897 年 12 月 17 日改名《闽报》出版，主其事者为井手三郎、前田彪。初时每周出版两次，1906 年底改为每周出版三次。开办时接受日本外务省和台湾总督府资助，第一次世界大战期间，台湾总督府以台湾日日新闻社的名义收购，改为日报，借此扩展其“对岸工作”。出版至1945年日本战败投降，前身将近半个世纪，不曾中断，是日本在南中国的重要言论机关。

《福州时报》：日文半周刊，1918年7月5日由津田七郎创办于闽侯，后由忠曾根戈多主办。1923年停刊。

厦门

《全闽新日报》：中文日报，1907年8月10日由驻厦门日本领事馆创办于厦门，1934年起加发晚刊。1937年10月因中日战争爆发停刊，后移至金门县复刊，翌年6月4日于厦门卷土重来，并加刊日文。1945年10月初停刊。

《台湾公会报》：疑为日文刊物，1915年11月创办于厦门，代表者为台湾人曾原坤，编辑干部为岡本要八郎。

《中和报》：中文报刊，1917年1月创办于厦门，主编为山下江村。

《南报》：日、中文并载的周刊，后改为旬刊，1917年2月由山下伸太郎创办于厦门，印刷所在台北。1923年停刊。

南昌

《赣报》：日文四开小报，1939年3月由日本军部创办于南昌，以日军及随军的日本人和朝鲜人为主要对象。

广州

《南国报》：中文日报，1916年创办于广东，代表者为来原庆助。购读者很少，1917年停刊。

《广州日报》：日文日报，1923年6月由平井真澄创办于广州，发行量很少，在当地不受重视。

《广东新闻》：日报，1923年创办于广州，由平井真澄主持。

香港

《东报》：中文报纸，1899 年间由日本人在香港创办，张少春、张鹤臣为督印人。

《香港日报》：日文日报，1909 年 9 月 1 日由松岛宗卫创办于香港，为日本人在香港唯一的言论机关。1930 年代另出中文《香港日报》及英文《香港新闻》(*The Hongkong News*)，是香港报业史上仅有的三语报纸。1945 年停刊。

《南支那新报》：日文日报，1921 年 6 月 17 日由平井真澄创办于香港，翌年平井真澄往广州办《广州日报》，《南支那新报》遂告停刊。一说《南支那新报》刊行约二年半，至 1923 年 9 月关东大地震后停刊。

《香港日报》：中文日报，1938 年 6 月由香港日报社创办于香港，由日文《香港日报》中文版独立而成，1945 年停刊。

《香港新闻》(*The Hongkong News*)：英文周刊，1939 年 6 月由香港日报社创办于香港，日军占领香港后改为日报，1945 年停刊。

《写真情报》：日文双月刊，由日军占领当局报道部宣传班创办于香港。

澳门

《西南日报》：中文日报，1942 年由日本驻澳门的特务机关创办于澳门，台湾籍人刘传能任社长，1945 年 8 月日本投降后停刊。

《民报》：中文日报，1942 年由日本人创办于澳门，唐清宇任社长，1945 年 8 月日本投降后停刊。

台湾

《台湾新报》：日文为主的报纸，亦载有中文，1896 年 6 月 17 日创办于台北，山下秀实任社长，初时不定期出版，同年 10 月 1 日起改为日报，是日本人在台湾出版的第一种报刊。1898 年 4 月 2 日在陆军中将儿玉源太郎授意下停刊，5 月 1 日与《台湾日报》合并为《台湾日日新报》。

《台湾产业杂志》：日文月刊，1896 年 6 月 17 日由日本人创办于台北，后改名《台湾杂志》，或谓改名《台湾产业新报》，创刊不久停刊。

《台湾政报》：日文周刊，1896 年 11 月由日本人创办于台北。

《台湾日报》：日文为主的报纸，亦载有中、英文，1897 年 5 月 8 日由台湾总督桂太郎授意创办于台北，负责人是川村隆实。初时不定期出版，后改为日报。1898 年 4 月 2 日停刊，同年 5 月 1 日与《台湾新报》合并为《台湾日日新报》。

《台湾日日新报》：中日文合刊的报纸，后废除中文版，1898 年 5 月 1 日创办于台北，守屋善兵卫任社长，同年 5 月 6 日发行创刊号，是由《台湾新报》和《台湾日报》合并而成。曾以附录形式发行《台湾日日写真画报》及《台日子供新闻》，是台湾日据时期规模最大、销量最广的报纸。1944 年 3 月 31 日停刊，翌日并入《台湾新报》。

《蕃情研究会报》：日文报刊，1898 年 8 月由蕃情研究会创办于台北，主要研究高山族问题。

《台湾协会会报》：日文报刊，1898 年 9 月由台湾协会创办于台湾。

《高山国》：亦作《高山国报》，日文周刊，1898 年 10 月 23 日出版号外第 1 号，11 月 3 日正式发刊第 1 号，由佐佐木安五郎创办于台北，1901 年 1 月改为日报。同年 12 月 29 日停刊。

《台湾商报》：日文周刊，1898 年 11 月 21 日由台湾商报社创办于台北。

《台北日报》：日文日报，1898 年由日本人创办于台北，1902 年因批评台湾总督府而被取消出版许可证。

《台澎日报》：日文为主的日报，亦有中文，1899 年 6 月 15 日创办于台南。1903 年改名《台南新报》，富地近思任社长，是台南地区势力最大的报纸，曾一度发行日、晚报。1937 年 4 月 1 日改名《台湾日报》，1944 年 3 月停刊，4 月 1 日起并入《台湾新报》。

《台湾公论》：日文周刊，1899 年 9 月 10 日由日本人创办于台北，1902 年改名《台北日报》继续出版，后因批评日本殖民当局政策而被迫停刊。

《台湾商业新报》：日文双日刊，1899 年 9 月 26 日由日本人创办于台北，内容专门报道台日贸易的经济新闻。

《台中新闻》：日文隔日刊，1899 年 12 月 20 日由《台湾日日新报》台中分社创办于台中，是地方性的报纸。1901 年独立为《台中每日新闻》。

《台北新闻》：日文周刊，1899 年 12 月由日本人创办于台北，1902 年改名为《台北日报》，并改为日报，后停刊。

《台湾实业新闻》：日文杂志，1899 年由日本人创办于台北，1904 年改为周报，因批评总督府政策而被迫停刊。

《台湾民报》：中文日报，后增日文，1900 年 8 月 8 日创办于台北，是日本驻台北律师团经营的小型民间报纸，社长为后藤传策。1904 年 5 月 1 日出版至第 1000 号后停刊并解散。

《台阳日报》：日文日报，1900 年 9 月由日本人创办于台南，不久停刊。

《台湾周报》：日文周报，后改为日晚报，1900 年 11 月 5 日由日本人创办于台北，自称为日商实业机关的报纸。翌年 10 月 10 日改名《台北日报》，1902 年 3 月 10 日改名《台湾日报》，同年 7 月停刊。

《台湾新闻》：日文日报，1900 年 12 月由日本人创办于基隆，翌年 11 月 23 日停刊并解散。

《惯习记事》：日文期刊，1900 年由台湾惯习会发行于台湾，是教育学术类杂志。

《台中每日新闻》：日文为主的日报，设有中文版，1901 年 5 月 1 日创办于台中，是由金子圭改组《台湾日日新报》台中分社的《台中新闻》而成。1903 年 3 月改名《中部台湾日报》，1907 年 10 月改名《台湾新闻》，1944 年 3 月停刊，4 月 1 日并入《台湾新报》。

《台湾日日新闻》：日文日报，1901 年 7 月由日本人创办于台南，同年 12 月 12 日停刊。

《台湾教育会杂志》：日文月刊，1901 年 7 月由台湾教育会发行于台湾，后改成《台湾教育》。

《真佛教》：日文期刊，1901 年 11 月由山中瑞邦创办于台湾。

《台报》：日文刊物，每月定期出版六次，1901 年由户水汪经营于台北，翌年停刊。

《台湾文艺》：日文月刊，1902 年 4 月创办于台北，村上至吉主编，内容以俳句为主；同年 9 月出至第 5 期。

《台湾医学会杂志》：日文月刊，1902 年 9 月由台湾医学会发行于台北，属台湾总督府医学校，后改设于台北帝国大学医学部内。

《台南每日新闻》：日文隔日刊，后改名《全台日报》，1903 年 1 月由日本人创办于台南，1909 年 7 月 13 日停刊。

《汉文台湾日日新报》：中文日报，1905 年 7 月 1 日由台湾日日新报社创办于台北，是《台湾日日新报》其中两页汉文版独立为四页而成。因财政困难于 1911 年 11 月 30 日停刊。

《相思树》：日文期刊，1905 年（一说 1904 年 5 月）由服部鸟亭创办于台湾，为文学类杂志。1910 年 2 月出至第 6 卷第 4 期。

《新泉》：日文期刊，1905 年由宇野觉太郎创办于台湾，为文学类杂志，发行六期后停刊。

《新星》：日文期刊，1905 年由白男川敬藏创办于台湾，编辑有柴田廉太郎、太田转三等人，为文学类杂志。发行三期后停刊。

《绿珊瑚》：日文期刊，1907 年 5 月由渡边常三郎创办于台北，为文学类杂志。1911 年 3 月出至第 5 卷第 2 期。

《台湾税务月刊》：日文月刊，1910 年 1 月由台湾总督府财务局税务课共勉会发行于台湾。

《台法月报》：日文月刊，1911 年 1 月 23 日由台湾总督府发行于台湾，为法律政治类杂志。

《台湾博物学会会报》：日文月刊，1911 年由台湾博物学会创办于台湾，是教育学术类杂志。

《台湾日日新报》：日文晚报，1914 年 10 月 1 日由日本人创办于台北，翌年 1 月 31 日停刊。

《台湾通信》：日文日刊，一说为周刊，1915 年 7 月 1 日由日本人创办于台北。

《南日本新报》：日文周刊，1916 年 7 月 1 日由日本人创办于台北。

《新高新报》：日文周刊，1916 年 7 月 3 日由日本人创办于台北。

《台湾商事报》：日文周刊，1916 年 7 月 8 日由日本人创办于台北，1918 年 2 月改为《台湾经世新报》。

《东台湾新闻》：日文晚报，1916 年创办于花莲，由梅野清太主编。1944 年 3 月停刊，同年 4 月 1 日并入《台湾新报》。

译后记

20 世纪中国最牛的记者当属赵敏恒。至今，人们仍津津乐道赵敏恒关于“藏本事件”、“西安事变”和开罗会议的报道以及路透社授予他的殊荣——金烟盒奖。怀着对这位坊间享有盛誉而新闻史论教科书中少有提及的中国一代名记者的敬仰和好奇，近几年我在香港几所大学的图书馆里翻阅了赵敏恒的著述——《采访十五年》、《新闻圈外》、《伦敦来去》、《外人在华新闻事业》（*The Foreign Press in China*）（英文版）。听说赵敏恒的《外人在华新闻事业》在 1931 年同时出版了中英文版，但苦于找不到中文版，我就直接将其英文版翻译成中文，以便教研所用。

2009 年底，暨南大学出版社计划出版“新闻学经典译丛”，把赵敏恒的《外人在华新闻事业》（*The Foreign Press in China*）列入其中，并委托我主持翻译这套丛书。显然，这对于我们译者来讲是一个挑战。2010 年 10 月，在译书稿基本定稿的情况下，一个朋友给我送来了赵敏恒《外人在华新闻事业》的中文版。其实，该中文版只是中国太平洋国际学会于 1932 年 8 月编译的研究资料。无独有偶，同样是为了教研所用而翻译的中文文本，我也就放心了。接下来的三个月时间里，我们仔细核对两个中文版本和英文原著，避免自己的翻译文本出现“硬伤”，并添加了若干注释。

考虑到历时变化，我们在翻译中参考了相关的历史文献，改变了赵敏恒《外人在华新闻事业》1931 年中文版的很多新闻机构、专业术语的说法，补充了漏译或者音译的地方，并纠正了个别错误的表述。例如，赵敏恒可能沿袭戈公振《中国报学史》关于《德臣报》(*The China Mail*) 和《孖剌报》(*The Daily Press*) 名称的叫法，同样把这两种报纸混淆起来，即将 *The China Mail* 译成《孖剌报》，将 *The Daily Press* 译成《德臣报》。还需说明的是，本书中的“世界大战”均指第一次世界大战。

几经反复，《外人在华新闻事业》新的中文版即将付梓。在此，感谢暨南大学出版社的杜小陆编辑。

感谢参与本书翻译和校译的译者。本书翻译分工如下：

王海（广东外语外贸大学教师）：翻译前言、第1~4章，编译附录，校译和统筹全书。

索若楠（广东外语外贸大学高级翻译学院研究生）：翻译第5~7章。

荣海路（广东外语外贸大学高级翻译学院研究生）：参与校译。

此外，感谢广东外语外贸大学东语学院的刘燕老师和张秀强老师对本书校译作出的无私帮助。

王　海

2010年12月于广州荷塘月色寓所